Sabors Xinesos
Una Aventura Culinària a la Terra de l'Orient

Li Mei

Taula de continguts

Introducció *10*
   Abalone marinat *12*
   Brots de bambú estofats *13*
   Pollastre amb cogombre *14*
   Pollastre Sèsam *15*
   Litxis amb gingebre *16*
   Aletes de pollastre cuites vermelles *17*
   Carn de cranc amb cogombre *18*
   Xampinyons marinats *19*
   Bolets d'all marinats *20*
   Gambes i coliflor *21*
   Pals de Pernil de Sèsam *22*
   Tofu fred *23*
   Pollastre amb Cansalada *24*
   Patates fregides de pollastre i plàtan *25*
   Pollastre amb gingebre i bolets *26*
   Pollastre i Pernil *28*
   Fetge de pollastre a la graella *29*
   Boles de cranc amb castanyes d'aigua *30*
   Dim sum *31*
   Rotllets de pernil i pollastre *32*
   Voltes de pernil al forn *34*
   Pseudo Peix Fumat *35*
   Bolets farcits *37*
   Bolets amb salsa d'ostres *38*
   Rotllets de porc i enciam *39*
   Mandonguilles de porc i castanyes *41*
   Boles de porc *42*
   Rissoles de porc i vedella *43*
   Gambes Papallona *44*
   Gambes xineses *45*
   Galetes de gambes *46*

Gambes cruixents *47*
Gambes amb salsa de gingebre *48*
Rotllets de gambes i fideus *49*
Torrades de gambes *51*
Wontons de porc i gambes amb salsa agredolça *52*
Brou de pollastre *54*
Sopa de brot de soja i porc *55*
Sopa d'abaló i bolets *56*
Sopa de pollastre i espàrrecs *58*
Sopa de vedella *59*
Sopa de vedella i fulles xineses *60*
Sopa de col *61*
Sopa de vedella picant *62*
Sopa Celestial *64*
Sopa de pollastre i brots de bambú *65*
Sopa de pollastre i blat de moro *66*
Sopa de pollastre i gingebre *67*
Sopa de pollastre amb bolets xinesos *68*
Sopa de pollastre i arròs *69*
Sopa de pollastre i coco *70*
Sopa de cloïsses *71*
Sopa d'ous *72*
Sopa de cranc i vieiras *73*
Sopa de cranc *75*
Sopa de peix *76*
Sopa de peix i enciam *77*
Sopa de gingebre amb boletes *79*
Sopa agre calenta *80*
Sopa de bolets *81*
Sopa de ceps i cols *82*
Sopa de gota d'ou de bolets *83*
Sopa de castanyes de bolets i aigua *84*
Sopa de porc i bolets *85*
Sopa de porc i créixens *86*
Sopa de porc i cogombre *87*
Sopa amb boles de porc i fideus *88*

Sopa d'espinacs i tofu	89
Sopa de blat de moro i cranc	90
Sopa de Szechuan	91
Sopa de tofu	93
Sopa de tofu i peix	94
Sopa de tomàquet	95
Sopa de tomàquet i espinacs	96
Sopa de naps	97
Sopa de verdures	98
Sopa Vegetariana	99
Sopa de créixens	100
Peix fregit amb verdures	101
Peix sencer al forn	103
Peix de soja estofat	104
Peix de soja amb salsa d'ostres	105
Baix al vapor	107
Peix estofat amb bolets	108
Peix agredolç	110
Peix Farcit de Porc	112
Carpa estofada i especiada	114
Ous al vapor amb peix	116
Ous al vapor amb pernil i peix	117
Ous al vapor amb carn de porc	118
Ous de porc fregits	119
Ous fregits amb salsa de soja	120
Ous de mitja lluna	121
Ous Fregits amb Verdures	122
Truita Xinesa	123
Truita xinesa amb brots de soja	124
Truita de coliflor	125
Truita de cranc amb salsa marró	126
Truita amb pernil i castanyes d'aigua	127
Truita amb llamàntol	128
Truita d'ostres	129
Truita amb Gambes	130
Truita amb Vieiras	131

Truita amb tofu *132*
Truita farcida de porc *133*
Truita farcida de gambes *134*
Rolls de truita al vapor amb farcit de pollastre *135*
Pancakes d'ostres *136*
Pancakes de gambes *137*
Ous remenats xinesos *138*
Ous remenats amb peix *139*
Ous remenats amb bolets *140*
Ous remenats amb salsa d'ostres *141*
Ous remenats amb carn de porc *142*
Ous remenats amb carn de porc i gambes *143*
Ous remenats amb espinacs *144*
Ous remenats amb ceba tendra *145*
Ous remenats amb tomàquet *146*
Ous remenats amb verdures *147*
Soufflé de pollastre *148*
Soufflé de cranc *149*
Soufflé de cranc i gingebre *150*
Soufflé de peix *151*
Soufflé de gambes *152*
Soufflé de gambes amb brots de soja *153*
Soufflé de verdures *154*
Ou Foo Yung *155*
Ou fregit Foo Yung *156*
Cranc Foo Yung amb bolets *157*
Ou de pernil Foo Yung *158*
Ou de porc rostit Foo Yung *159*
Ou de porc i gambes Foo Yung *160*
Arròs blanc *161*
Arròs integral bullit *161*
Arròs amb vedella *162*
Arròs de fetge de pollastre *163*
Arròs de pollastre i bolets *164*
Arròs de coco *165*
Arròs de carn de cranc *166*

Arròs amb pèsols	*167*
Arròs de Pebre	*168*
Arròs d'ou poché	*169*
Arròs a l'estil de Singapur	*170*
Arròs de vaixell lent	*171*
Arròs al vapor al forn	*172*
Arròs fregit	*173*
Arròs Fregit amb Ametlla	*174*
Arròs Fregit amb Cansalada i Ou	*175*
Arròs Fregit de vedella	*176*
Arròs Fregit amb vedella picada	*177*
Arròs Fregit amb vedella i ceba	*178*
Arròs Fregit amb Pollastre	*179*
Arròs Fregit amb Ànec	*180*
Arròs Fregit Pernil	*181*
Arròs de pernil fumat amb brou	*182*
Arròs Fregit De Porc	*183*
Arròs fregit de porc i gambes	*184*
Arròs Fregit amb Gambes	*185*
Arròs Fregit i Pèsols	*186*
Arròs Fregit amb Salmó	*187*
Arròs Fregit Especial	*188*
Deu arròs preciosos	*189*
Arròs de tonyina fregida	*190*
Fideus d'ou cuit	*191*
Fideus d'ou al vapor	*192*
Fideus Llançats	*192*
Fideus fregits	*193*
Fideus fregits suaus	*194*
Fideus guisats	*195*
Fideus freds	*196*
Cistelles de fideus	*197*
Pancake de fideus	*198*
Fideus Brasats	*199*
Fideus de vedella	*201*
Fideus amb pollastre	*202*

Fideus amb carn de cranc *203*
Fideus en salsa de curry *204*
Fideus Dan-Dan *205*
Fideus amb salsa d'ou *206*
Fideus de gingebre i ceba primavera *207*
Fideus calents i agres *208*
Fideus en salsa de carn *209*
Fideus amb ous escalfats *211*
Fideus amb Carn de Porc i Verdures *212*
Fideus transparents amb carn de porc picada *213*
Pells de rotllo d'ou *214*
Pells de rotllets d'ou cuit *215*
Pancakes xinesos *216*
Wonton Skins *217*
Espàrrecs amb cloïsses *219*
Espàrrecs amb salsa d'ou *220*

Introducció

A tots els que els agrada cuinar, els encanta experimentar amb nous plats i noves sensacions gustatives. La cuina xinesa s'ha popularitzat enormement en els últims anys perquè ofereix una gamma diferent de sabors per gaudir. La majoria dels plats es cuinen a sobre dels fogons, i molts es preparen i es cuinen ràpidament, per la qual cosa són ideals per al cuiner ocupat que vol crear un plat apetitós i atractiu quan hi ha poc temps de sobra. Si t'agrada molt la cuina xinesa, probablement ja tindreu un wok, i aquest és l'utensili perfecte per cuinar la majoria dels plats del llibre. Si encara no t'has convençut que aquest estil de cuina és per a tu, fes servir una bona paella o cassola per provar les receptes. Quan trobeu el fàcil que són de preparar i el saborós de menjar, gairebé segur que voldreu invertir en un wok per a la vostra cuina.

Abalone marinat

Serveis 4

450 g/1 lb d'abaló en conserva

45 ml/3 cullerades de salsa de soja

30 ml/2 cullerades de vinagre de vi

5 ml/1 culleradeta de sucre

unes gotes d'oli de sèsam

Escorreu l'abaló i talleu-lo a rodanxes fines o talleu-lo a tires. Barregeu la resta d'ingredients, aboqueu-hi l'abalón i remeneu-ho bé. Cobrir i refrigerar durant 1 hora.

Brots de bambú estofats

Serveis 4

60 ml/4 cullerades d'oli de cacauet (cacauet).
225 g/8 oz de brots de bambú, tallats a tires
60 ml/4 cullerades de brou de pollastre
15 ml/1 cullerada de salsa de soja
5 ml/1 cullerradeta de sucre
5 ml/1 cullerradeta de vi d'arròs o xerès sec

Escalfeu l'oli i sofregiu els brots de bambú durant 3 minuts. Barregeu el brou, la salsa de soja, el sucre i el vi o xerès i afegiu-lo a la paella. Tapar i coure a foc lent durant 20 minuts. Deixar refredar i refredar abans de servir.

Pollastre amb cogombre

Serveis 4

1 cogombre, pelat i sense llavors
225 g/8 oz de pollastre cuit, tallat a rodanxes
5 ml/1 culleradeta de mostassa en pols
2,5 ml/¬Ω culleradeta de sal
30 ml/2 cullerades de vinagre de vi

Talleu el cogombre a tires i poseu-los en un plat pla per servir. Disposeu el pollastre per sobre. Barregeu la mostassa, la sal i el vinagre de vi i poseu-hi una cullera sobre el pollastre just abans de servir.

Pollastre Sèsam

Serveis 4

350 g/12 oz de pollastre cuit
120 ml/4 fl oz/½ tassa d'aigua
5 ml/1 culleradeta de mostassa en pols
15 ml/1 cullerada de llavors de sèsam
2,5 ml/½ culleradeta de sal
pessic de sucre
45 ml/3 cullerades de coriandre fresc picat
5 cebes tendra (cebolletes), picades
½ enciam de cap, triturat

Trenqueu el pollastre a tires fines. Barregeu prou aigua a la mostassa per fer una pasta llisa i remeneu-la al pollastre. Torneu les llavors de sèsam en una paella seca fins que estiguin lleugerament daurades i després afegiu-les al pollastre i ruixeu-les amb sal i sucre. Afegiu la meitat del julivert i la ceba tendra i remeneu-ho bé. Col·loqueu l'enciam en un plat de servir, a sobre amb la barreja de pollastre i guarniu amb el julivert restant.

Litxis amb gingebre

Serveis 4

1 síndria gran, tallada a la meitat i sense llavors
450 g/1 lb de litxis en conserva, escorreguts
5 cm/2 de tija de gingebre, tallat a rodanxes
poques fulles de menta

Ompliu les meitats de meló amb litxis i gingebre, decoreu amb fulles de menta. Refredar abans de servir.

Aletes de pollastre cuites vermelles

Serveis 4

8 ales de pollastre
2 cebes tendra (cebolletes), picades
75 ml/5 cullerades de salsa de soja
120 ml/4 fl oz/¬Ω tassa d'aigua
30 ml/2 cullerades de sucre moreno

Talleu i descarteu les puntes òssies de les ales de pollastre i talleu-les per la meitat. Posar en una cassola amb la resta d'ingredients, portar a ebullició, tapar i coure a foc lent durant 30 minuts. Traieu la tapa i continueu cuinant a foc lent durant 15 minuts més, remenant amb freqüència. Deixar refredar i refredar abans de servir.

Carn de cranc amb cogombre

Serveis 4

100 g/4 oz de carn de cranc, en escates
2 cogombres, pelats i ratllats
1 rodanxa d'arrel de gingebre, picada
15 ml/1 cullerada de salsa de soja
30 ml/2 cullerades de vinagre de vi
5 ml/1 culleradeta de sucre
unes gotes d'oli de sèsam

Col·loqueu la carn de cranc i els cogombres en un bol. Barregeu els ingredients restants, aboqueu-hi la barreja de carn de cranc i barregeu-ho bé. Cobrir i refrigerar durant 30 minuts abans de servir.

Xampinyons marinats

Serveis 4

225 g/8 oz de bolets botó
30 ml/2 cullerades de salsa de soja
15 ml/1 cullerada de vi d'arròs o xerès sec
pessic de sal
unes gotes de salsa tabasco
unes gotes d'oli de sèsam

Escaldeu els bolets en aigua bullint durant 2 minuts, després escorreu-los i assequeu-los. Posar en un bol i abocar-hi la resta d'ingredients. Remeneu bé i refredeu abans de servir.

Bolets d'all marinats

Serveis 4

225 g/8 oz de bolets botó
3 grans d'all, triturats
30 ml/2 cullerades de salsa de soja
30 ml/2 cullerades de vi d'arròs o xerès sec
15 ml/1 cullerada d'oli de sèsam
pessic de sal

Poseu els bolets i els alls en un colador, aboqueu-los sobre aigua bullint i deixeu-ho reposar 3 minuts. Escorreu i assequeu bé. Barregeu la resta d'ingredients, aboqueu la marinada sobre els bolets i deixeu-ho marinar durant 1 hora.

Gambes i coliflor

Serveis 4

225 g/8 oz de floretes de coliflor
100 g/ 4 oz de gambes pelades
15 ml/1 cullerada de salsa de soja
5 ml/1 culleradeta d'oli de sèsam

Bullir parcialment la coliflor durant uns 5 minuts fins que estigui tendra però encara cruixent. Barrejar amb les gambes, espolvorear amb salsa de soja i oli de sèsam i remenar. Refredar abans de servir.

Pals de Pernil de Sèsam

Serveis 4

225 g/8 oz de pernil, tallat a tires
10 ml/2 culleradetes de salsa de soja
2,5 ml/¬Ω culleradeta d'oli de sèsam

Col·loqueu el pernil en un plat de servir. Barrejar la salsa de soja i l'oli de sèsam, escampar-hi el pernil i servir.

Tofu fred

Serveis 4

450 g/1 lb de tofu, tallat a rodanxes
45 ml/3 cullerades de salsa de soja
45 ml/3 cullerades d'oli de cacauet (cacauet).
pebre recent mòlt

Col·loqueu el tofu, unes rodanxes a la vegada, en un colador i submergiu-lo en aigua bullint durant 40 segons, després escorreu-lo i poseu-lo en un plat de servir. Deixar refredar. Barrejar la salsa de soja i l'oli, espolvorear el tofu i servir esquitxat de pebre.

Pollastre amb Cansalada

Serveis 4

225 g/8 oz de pollastre, a rodanxes molt fines
75 ml/5 cullerades de salsa de soja
15 ml/1 cullerada de vi d'arròs o xerès sec
1 gra d'all, triturat
15 ml/1 cullerada de sucre moreno
5 ml/1 culleradeta de sal
5 ml/1 culleradeta d'arrel de gingebre picada
225 g/8 oz de cansalada magra, tallada a daus
100 g/4 oz de castanyes d'aigua, a rodanxes molt fines
30 ml/2 cullerades de mel

Col·loqueu el pollastre en un bol. Barregeu 45 ml/3 cullerades de salsa de soja amb el vi o xerès, l'all, el sucre, la sal i el gingebre, aboqueu-hi el pollastre i deixeu-ho marinar unes 3 hores. Enfileu el pollastre, la cansalada i les castanyes a les broquetes de kebab. Barregeu la salsa de soja restant amb la mel i apliqueu els kebabs. A la brasa (a la brasa) sota una graella calenta durant uns 10 minuts fins que estiguin cuits, girant-los amb freqüència i unint-los amb més esmalt mentre es couen.

Patates fregides de pollastre i plàtan

Serveis 4

2 pits de pollastre cuits

2 plàtans ferms

6 llesques de pa

4 ous

120 ml/4 fl oz/¬Ω tassa de llet

50 g/2 oz/¬Ω tassa de farina normal (tot ús).

225 g/8 oz/4 tasses de pa ratllat fresc

oli per fregir

Talleu el pollastre en 24 trossos. Peleu els plàtans i talleu-los longitudinalment a quarts. Talleu cada quart en terços per obtenir 24 peces. Talleu la crosta del pa i talleu-lo a quarts. Batre els ous i la llet i pinzellar un costat del pa. Col·loqueu un tros de pollastre i un tros de plàtan al costat recobert d'ou de cada tros de pa. Reboqueu els quadrats lleugerament amb farina i després submergiu-los amb ou i arrebosseu-los amb pa ratllat. Torneu a submergir-vos en l'ou i el pa ratllat. Escalfeu l'oli i fregiu uns quants quadrats a la vegada fins que estiguin daurats. Escórrer sobre paper de cuina abans de servir.

Pollastre amb gingebre i bolets

Serveis 4

225 g/8 oz de filets de pit de pollastre

5 ml/1 cullerada de pols de cinc espècies

15 ml/1 cullerada de farina normal (tot ús).

120 ml/4 fl oz/¬Ω tassa d'oli de cacauet (cacauet).

4 escalunyes, a la meitat

1 gra d'all, tallat a rodanxes

1 rodanxa d'arrel de gingebre, picada

25 g/1 oz/¬° tassa d'anacards

5 ml/1 cullerada de mel

15 ml/1 cullerada de farina d'arròs

75 ml/5 cullerades de vi d'arròs o xerès sec

100 g/4 oz de bolets, tallats a quarts

2,5 ml/¬Ω cullerada de cúrcuma

6 pebrots grocs, tallats a la meitat

5 ml/1 cullerada de salsa de soja

suc de llima ¬Ω

sal i pebre

4 fulles d'enciam cruixents

Talleu el pit de pollastre en diagonal a través del gra a tires fines. Espolvorear amb pols de cinc espècies i arrebossar lleugerament amb farina. Escalfeu 15 ml/1 cullerada d'oli i sofregiu el pollastre fins que estigui daurat. Retirar de la paella. Escalfeu una mica més d'oli i sofregiu les escalunyes, l'all, el gingebre i els anacards durant 1 minut. Afegiu la mel i remeneu fins que les verdures estiguin cobertes. Espolvorear amb farina i remenar el vi o el xerès. Afegiu-hi els bolets, la cúrcuma i els bitxos i deixeu-ho coure durant 1 minut. Afegiu el pollastre, la salsa de soja, la meitat del suc de llima, sal i pebre i escalfeu-ho. Retirar de la paella i mantenir calent. Escalfeu una mica més d'oli, afegiu-hi les fulles d'enciam i fregiu-les ràpidament, rectifiqueu de sal i pebre i la resta de suc de llima. Col·loqueu les fulles d'enciam en un plat de servir escalfat, repartiu-hi la carn i les verdures per sobre i serviu.

Pollastre i Pernil

Serveis 4

225 g/8 oz de pollastre, a rodanxes molt fines
75 ml/5 cullerades de salsa de soja
15 ml/1 cullerada de vi d'arròs o xerès sec
15 ml/1 cullerada de sucre moreno
5 ml/1 culleradeta d'arrel de gingebre picada
1 gra d'all, triturat
225 g/8 oz de pernil cuit, tallat a daus
30 ml/2 cullerades de mel

Poseu el pollastre en un bol amb 45 ml/3 cullerades de salsa de soja, el vi o xerès, el sucre, el gingebre i l'all. Deixar marinar 3 hores. Enfileu el pollastre i el pernil a les broquetes de kebab. Barregeu la salsa de soja restant amb la mel i apliqueu els kebabs. A la graella (a la brasa) sota una graella calenta durant uns 10 minuts, girant-los amb freqüència i raspalant-los amb l'esmalt mentre es couen.

Fetge de pollastre a la graella

Serveis 4

450 g/1 lb de fetges de pollastre
45 ml/3 cullerades de salsa de soja
15 ml/1 cullerada de vi d'arròs o xerès sec
15 ml/1 cullerada de sucre moreno
5 ml/1 culleradeta de sal
5 ml/1 culleradeta d'arrel de gingebre picada
1 gra d'all, triturat

Bulliu els fetges de pollastre en aigua bullint durant 2 minuts i després escorreu-los bé. Col·loqueu en un bol amb la resta d'ingredients menys l'oli i deixeu-ho marinar unes 3 hores. Col·loqueu els fetges de pollastre a les broquetes de kebab i feu-los a la brasa sota una graella calenta durant uns 8 minuts fins que estiguin daurats.

Boles de cranc amb castanyes d'aigua

Serveis 4

450 g/1 lb de carn de cranc, picada

100 g/4 oz de castanyes d'aigua, picades

1 gra d'all, triturat

1 cm/¬Ω en rodanxes d'arrel de gingebre, picada

45 ml/3 cullerades de farina de blat de moro (maizena)

30 ml/2 cullerades de salsa de soja

15 ml/1 cullerada de vi d'arròs o xerès sec

5 ml/1 culleradeta de sal

5 ml/1 culleradeta de sucre

3 ous, batuts

oli per fregir

Barregeu tots els ingredients menys l'oli i formeu-hi boles petites. Escalfeu l'oli i fregiu les boles de cranc fins que estiguin daurades. Escorreu bé abans de servir.

Dim sum

Serveis 4

100 g/4 oz de gambes pelades, picades
225 g/8 oz de carn de porc magra, tallada finament
50 g/2 oz de col xinesa, ben picada
3 cebes tendra (cebolletes), picades
1 ou, batut
30 ml/2 cullerades de farina de blat de moro (maizena)
10 ml/2 culleradetes de salsa de soja
5 ml/1 culleradeta d'oli de sèsam
5 ml/1 culleradeta de salsa d'ostres
24 pells wonton
oli per fregir

Barregeu les gambes, la carn de porc, la col i les cebes tendra. Barregeu l'ou, la farina de blat de moro, la salsa de soja, l'oli de sèsam i la salsa d'ostres. Col·loqueu cullerades de la barreja al centre de cada pell de wonton. Premeu suaument els embolcalls al voltant del farcit, ajuntant les vores però deixant les tapes obertes. Escalfeu l'oli i fregiu els dim sums uns quants a la vegada fins que estiguin daurats. Escorreu bé i serviu calent.

Rotllets de pernil i pollastre

Serveis 4

2 pits de pollastre
1 gra d'all, triturat
2,5 ml/¬Ω culleradeta de sal
2,5 ml/¬Ω culleradeta de pols de cinc espècies
4 llesques de pernil cuit
1 ou, batut
30 ml/2 cullerades de llet
25 g/1 oz/¬° tassa de farina normal (tot ús).
4 pells de rotlle d'ou
oli per fregir

Talleu els pits de pollastre per la meitat. Piqueu-los fins que estiguin ben prims. Barregeu l'all, la sal i la pols de cinc espècies i espolseu-hi el pollastre. Poseu una llesca de pernil a sobre de cada tros de pollastre i enrotlleu-les amb força. Barrejar l'ou i la llet. Cobriu els trossos de pollastre lleugerament amb farina i submergiu-los a la barreja d'ou. Col·loqueu cada peça sobre la pell d'un rotllo d'ou i raspalleu les vores amb ou batut. Doblegueu els costats i enrotlleu junts, pessigant les vores per segellar.

Escalfeu l'oli i fregiu els rotllets uns 5 minuts fins que estiguin daurats

daurada i cuita. Escórrer sobre paper de cuina i després tallar-les a rodanxes diagonals gruixudes per servir.

Voltes de pernil al forn

Serveis 4

350 g/12 oz/3 tasses de farina normal (tot ús).

175 g/6 oz/¬œ tassa de mantega

120 ml/4 fl oz/¬Ω tassa d'aigua

225 g/8 oz de pernil, picat

100 g/4 oz de brots de bambú, picats

2 cebes tendra (cebolletes), picades

15 ml/1 cullerada de salsa de soja

30 ml/2 cullerades de llavors de sèsam

Poseu la farina en un bol i fregueu-hi la mantega. Barrejar amb l'aigua per formar una massa. Estireu la massa i talleu-la en cercles de 5 cm/2. Barregeu tots els ingredients restants excepte les llavors de sèsam i poseu una cullerada a cada cercle. Pinteu les vores de la pasta amb aigua i tanqueu-les. Pinteu l'exterior amb aigua i empolvoreu-ho amb llavors de sèsam. Coure al forn preescalfat a 180¬∞C/350¬∞F/gas marca 4 durant 30 minuts.

Pseudo Peix Fumat

Serveis 4

1 llobarro

3 rodanxes d'arrel de gingebre, a rodanxes

1 gra d'all, triturat

1 ceba tendra (ceba), tallada a rodanxes gruixudes

75 ml/5 cullerades de salsa de soja

30 ml/2 cullerades de vi d'arròs o xerès sec

2,5 ml/¬Ω culleradeta d'anís mòlt

2,5 ml/¬Ω culleradeta d'oli de sèsam

10 ml/2 culleradetes de sucre

Tassa de brou de 120 ml/4 fl oz/¬Ω

oli per fregir

5 ml/1 culleradeta de farina de blat de moro (maicena)

Talleu el peix i talleu-lo a rodanxes de 5 mm (¬° in) contra el gra. Barregeu el gingebre, l'all, la ceba tendra, 60 ml/4 cullerades de salsa de soja, el xerès, l'anís i l'oli de sèsam. Aboqueu-hi el peix i remeneu-ho suaument. Deixar reposar 2 hores, girant de tant en tant.

Escorreu la marinada en una paella i assequeu el peix sobre paper de cuina. Afegiu-hi el sucre, el brou i la salsa de soja restant

marinada, portar a ebullició i coure a foc lent durant 1 minut. Si cal espessir la salsa, barregeu la farina de blat de moro amb una mica d'aigua freda, incorporeu-la a la salsa i deixeu-ho coure a foc lent, remenant, fins que la salsa espesseixi.

Mentrestant, escalfeu l'oli i fregiu el peix fins que estigui daurat. Escorreu bé. Submergeix els trossos de peix a l'adob i col·loca'ls en un plat de servir escalfat. Serviu calent o fred.

Bolets farcits

Serveis 4

12 tapes grans de bolets secs
225 g/8 oz de carn de cranc
3 castanyes d'aigua, picades
2 cebes tendres (cebes), tallades finament
1 clara d'ou
15 ml/1 cullerada de farina de blat de moro (maizena)
15 ml/1 cullerada de salsa de soja
15 ml/1 cullerada de vi d'arròs o xerès sec

Remullar els bolets en aigua tèbia durant la nit. Premeu-ho per assecar. Barregeu els ingredients restants i feu servir per omplir els taps de bolets. Col·loqueu-ho en una reixeta de vapor i cuini al vapor durant 40 minuts. Servir calent.

Bolets amb salsa d'ostres

Serveis 4

10 bolets xinesos secs
250 ml/8 fl oz/1 tassa de brou de vedella
15 ml/1 cullerada de farina de blat de moro (maizena)
30 ml/2 cullerades de salsa d'ostres
5 ml/1 culleradeta de vi d'arròs o xerès sec

Remullar els bolets en aigua tèbia durant 30 minuts i després escórrer, reservant 250 ml/8 fl oz/1 tassa de líquid de remull. Descartar les tiges. Barregeu 60 ml/4 cullerades de brou de vedella amb la farina de blat de moro fins a obtenir una pasta. Porteu a ebullició el brou de vedella restant amb els bolets i el líquid de bolets, tapeu-ho i deixeu-ho coure a foc lent durant 20 minuts. Traieu els bolets del líquid amb una cullera ranurada i poseu-los en un plat calent. Afegiu la salsa d'ostres i el xerès a la cassola i deixeu-ho coure a foc lent, remenant durant 2 minuts. Incorporeu-hi la pasta de blat de moro i deixeu-ho coure a foc lent, remeneu fins que la salsa espesseixi. Aboqueu-hi els bolets i serviu-ho de cop.

Rotllets de porc i enciam

Serveis 4

4 bolets xinesos secs

15 ml/1 cullerada d'oli de cacauet (cacauet).

225 g/8 oz de carn de porc magra, picada

100 g/4 oz de brots de bambú, picats

100 g/4 oz de castanyes d'aigua, picades

4 cebes tendra (cebolletes), picades

175 g/6 oz de carn de cranc, en escates

30 ml/2 cullerades de vi d'arròs o xerès sec

15 ml/1 cullerada de salsa de soja

10 ml/2 culleradetes de salsa d'ostres

10 ml/2 culleradetes d'oli de sèsam

9 fulles xineses

Remullar els bolets en aigua tèbia durant 30 minuts i després escórrer. Descartar les tiges i tallar els taps. Escalfeu l'oli i sofregiu la carn de porc durant 5 minuts. Afegiu-hi els bolets, els brots de bambú, les castanyes d'aigua, la ceba tendra i la carn de cranc i sofregiu-ho durant 2 minuts. Barregeu el vi o el xerès, la salsa de soja, la salsa d'ostres i l'oli de sèsam i remeneu-ho a la paella. Retirar del foc. Mentrestant, escalfeu les fulles xineses en aigua bullint durant 1 minut

desguàs. Col·loqueu cullerades de la barreja de porc al centre de cada fulla, doblegueu els costats i enrotlleu-les per servir.

Mandonguilles de porc i castanyes

Serveis 4

450 g/1 lb de carn de porc picada (molida).
50 g/2 oz de xampinyons, ben picats
50 g/2 oz de castanyes d'aigua, ben picades
1 gra d'all, triturat
1 ou, batut
30 ml/2 cullerades de salsa de soja
15 ml/1 cullerada de vi d'arròs o xerès sec
5 ml/1 culleradeta d'arrel de gingebre picada
5 ml/1 culleradeta de sucre
sal
30 ml/2 cullerades de farina de blat de moro (maizena)
oli per fregir

Barregeu tots els ingredients excepte la farina de blat de moro i formeu-hi boles petites. Enrotlleu la farina de blat de moro. Escalfeu l'oli i fregiu les mandonguilles durant uns 10 minuts fins que estiguin daurades. Escorreu bé abans de servir.

Boles de porc

Serveis 4-6

450 g/1 lb de farina normal (tot ús).

500 ml/17 fl oz/2 tasses d'aigua

450 g/1 lb de carn de porc cuita, picada

225 g/8 oz de gambes pelades, picades

4 tiges d'api, picades

15 ml/1 cullerada de salsa de soja

15 ml/1 cullerada de vi d'arròs o xerès sec

15 ml/1 cullerada d'oli de sèsam

5 ml/1 culleradeta de sal

2 cebes tendres (cebes), tallades finament

2 grans d'all, triturats

1 rodanxa d'arrel de gingebre, picada

Barrejar la farina i l'aigua fins a obtenir una massa suau i amassar bé. Tapa i deixa reposar 10 minuts. Estireu la massa el més fina possible i talleu-la en cercles de 5 cm/2. Barregeu tots els ingredients restants. Col·loqueu cullerades de la barreja a cada cercle, humitegeu les vores i tanqueu-les en un semicercle. Porteu una cassola d'aigua a ebullició i poseu-hi suaument les boles de massa a l'aigua.

Rissoles de porc i vedella

Serveis 4

100 g/4 oz de carn de porc picada (molida).
100 g/4 oz de vedella picada (molida).
1 llesca de cansalada ratllada, picada (molida)
15 ml/1 cullerada de salsa de soja
sal i pebre
1 ou, batut
30 ml/2 cullerades de farina de blat de moro (maizena)
oli per fregir

Barrejar les carns picades i la cansalada i rectificar de sal i pebre. Lligueu amb l'ou, formeu boles de la mida d'una nou i empolseu amb farina de blat de moro. Escalfeu l'oli i fregiu fins que estigui daurat. Escorreu bé abans de servir.

Gambes Papallona

Serveis 4

450 g/1 lb de gambes pelades grans
15 ml/1 cullerada de salsa de soja
5 ml/1 culleradeta de vi d'arròs o xerès sec
5 ml/1 culleradeta d'arrel de gingebre picada
2,5 ml/½ culleradeta de sal
2 ous, batuts
30 ml/2 cullerades de farina de blat de moro (maizena)
15 ml/1 cullerada de farina normal (tot ús).
oli per fregir

Talleu els llagostins a la meitat de l'esquena i esteneu-los per formar una papallona. Barregeu la salsa de soja, el vi o el xerès, el gingebre i la sal. Aboqueu-hi els llagostins i deixeu-ho marinar durant 30 minuts. Traieu-lo de la marinada i assequeu-lo. Bateu l'ou amb la farina de blat de moro i la farina fins a obtenir una massa i submergiu les gambes a la massa. Escalfeu l'oli i fregiu les gambes fins que estiguin daurades. Escorreu bé abans de servir.

Gambes xineses

Serveis 4

450 g/1 lb de gambes sense pelar
30 ml/2 cullerades de salsa Worcestershire
15 ml/1 cullerada de salsa de soja
15 ml/1 cullerada de vi d'arròs o xerès sec
15 ml/1 cullerada de sucre moreno

Poseu les gambes en un bol. Barregeu la resta d'ingredients, aboqueu-hi els llagostins i deixeu-ho marinar durant 30 minuts. Transferiu-lo a un motlle de forn i coure al forn preescalfat a 150⁻∞C/300⁻∞F / marca de gas 2 durant 25 minuts. Serviu calent o fred a les closques perquè els convidats en facin les seves.

Galetes de gambes

Serveis 4

100 g/4 oz de galetes de gambes
oli per fregir

Escalfeu l'oli fins que estigui ben calent. Afegiu-hi un grapat de galetes de gambes alhora i fregiu-los uns segons fins que s'hagin inflat. Retirar de l'oli i escórrer sobre paper de cuina mentre continueu fregint les galetes.

Gambes cruixents

Serveis 4

450 g/1 lb de gambes tigre pelades
15 ml/1 cullerada de vi d'arròs o xerès sec
10 ml/2 culleradetes de salsa de soja
5 ml/1 culleradeta de pols de cinc espècies
sal i pebre
90 ml/6 cullerades de farina de blat de moro (maizena)
2 ous, batuts
100 g/4 oz de pa ratllat
oli de cacauet per fregir

Barregeu les gambes amb el vi o xerès, la salsa de soja i la pols de cinc espècies i amaniu-les amb sal i pebre. Aboqueu-los a la farina de blat de moro i després reboqueu-los amb ou batut i pa ratllat. Fregir en oli calent durant uns minuts fins que estigui lleugerament daurat i després escórrer i servir alhora.

Gambes amb salsa de gingebre

Serveis 4

15 ml/1 cullerada de salsa de soja
5 ml/1 culleradeta de vi d'arròs o xerès sec
5 ml/1 culleradeta d'oli de sèsam
450 g/1 lb de gambes pelades
30 ml/2 cullerades de julivert fresc picat
15 ml/1 cullerada de vinagre de vi
5 ml/1 culleradeta d'arrel de gingebre picada

Barregeu la salsa de soja, el vi o el xerès i l'oli de sèsam. Aboqueu-hi les gambes, tapeu-les i deixeu-ho marinar durant 30 minuts. A la graella les gambes durant uns minuts fins que estiguin cuites, remenant amb la marinada. Mentrestant, barregeu el julivert, el vinagre de vi i el gingebre per servir amb les gambes.

Rotllets de gambes i fideus

Serveis 4

50 g/2 oz de fideus d'ou, trencats a trossos
15 ml/1 cullerada d'oli de cacauet (cacauet).
50 g/2 oz de carn de porc magra, tallada finament
100 g/4 oz de bolets, picats
3 cebes tendra (cebolletes), picades
100 g/4 oz de gambes pelades, picades
15 ml/1 cullerada de vi d'arròs o xerès sec
sal i pebre
24 pells wonton
1 ou, batut
oli per fregir

Coure els fideus en aigua bullint durant 5 minuts i després escorreu-los i talleu-los. Escalfeu l'oli i sofregiu la carn de porc durant 4 minuts. Afegiu-hi els bolets i les cebes i sofregiu-ho durant 2 minuts i després retireu-los del foc. Barregeu les gambes, el vi o el xerès i els fideus i condimenteu-ho al gust amb sal i pebre. Col·loqueu cullerades de la barreja al centre de cada pell de wonton i raspalleu les vores amb ou batut. Doblegueu les vores i enrotlleu els embolcalls, segellant les vores junts. Escalfeu l'oli i fregiu els rotllos a

pocs a la vegada durant uns 5 minuts fins que estiguin daurats. Escórrer sobre paper de cuina abans de servir.

Torrades de gambes

Serveis 4

2 ous 450 g/1 lb de gambes pelades, picades
15 ml/1 cullerada de farina de blat de moro (maizena)
1 ceba, picada finament
30 ml/2 cullerades de salsa de soja
15 ml/1 cullerada de vi d'arròs o xerès sec
5 ml/1 culleradeta de sal
5 ml/1 culleradeta d'arrel de gingebre picada
8 llesques de pa, tallades en triangles
oli per fregir

Barregeu 1 ou amb la resta d'ingredients excepte el pa i l'oli. Col·loqueu la barreja sobre els triangles de pa i premeu en una cúpula. Pintem amb l'ou restant. Escalfeu uns 5 cm/2 polzades d'oli i fregiu els triangles de pa fins que estiguin daurats. Escorreu bé abans de servir.

Wontons de porc i gambes amb salsa agredolça

Serveis 4

120 ml/4 fl oz/¬Ω tassa d'aigua
60 ml/4 cullerades de vinagre de vi
60 ml/4 cullerades de sucre moreno
30 ml/2 cullerades de puré de tomàquet (pasta)
10 ml/2 culleradetes de farina de blat de moro (maizena)
25 g/1 oz de bolets, picats
25 g/1 oz de gambes pelades, picades
50 g/2 oz de carn de porc magra, picada
2 cebes tendra (cebolletes), picades
5 ml/1 culleradeta de salsa de soja
2,5 ml/¬Ω culleradeta d'arrel de gingebre ratllada
1 gra d'all, triturat
24 pells wonton
oli per fregir

Barregeu l'aigua, el vinagre de vi, el sucre, el puré de tomàquet i la farina de blat de moro en una cassola petita. Porteu a ebullició, remenant contínuament, i deixeu-ho coure a foc lent durant 1 minut. Retirar del foc i mantenir calent.

Barregeu els bolets, les gambes, la carn de porc, la ceba tendra, la salsa de soja, el gingebre i l'all. Col·loqueu cullerades del farcit a cada pell, raspalleu les vores amb aigua i premeu junts per segellar. Escalfeu l'oli i fregiu els wontons uns quants a la vegada fins que estiguin daurats. Escórrer sobre paper de cuina i servir calent amb salsa agredolça.

Brou de pollastre

Fa 2 litres/3½ pts/8½ tasses

1,5 kg/2 lliures d'ossos de pollastre cuits o crus

450 g/1 lb d'ossos de porc

1 cm/½ en tros d'arrel de gingebre

3 cebes tendra (cebolletes), tallades a rodanxes

1 gra d'all, triturat

5 ml/1 culleradeta de sal

2,25 litres/4 pts/10 tasses d'aigua

Porteu tots els ingredients a ebullició, tapeu i deixeu-ho coure a foc lent durant 15 minuts. Traieu qualsevol greix. Tapar i coure a foc lent durant 1 hora i mitja. Colar, refredar i descremar. Congelar en petites quantitats o mantenir refrigerat i utilitzar en 2 dies.

Sopa de brot de soja i porc

Serveis 4

450 g/1 lb de carn de porc, a daus
1,5 l/2½ pts/6 tasses de brou de pollastre
5 rodanxes d'arrel de gingebre
350 g/12 oz de brots de soja
15 ml/1 cullerada de sal

Escalfeu la carn de porc en aigua bullint durant 10 minuts i després escorreu-la. Porteu el fumet a ebullició i afegiu-hi la carn de porc i el gingebre. Tapar i coure a foc lent durant 50 minuts. Afegiu-hi els brots de soja i sal i deixeu-ho coure a foc lent durant 20 minuts.

Sopa d'abaló i bolets

Serveis 4

60 ml/4 cullerades d'oli de cacauet (cacauet).
100 g/4 oz de carn magra de porc, tallada a tires
225 g/8 oz d'abaló en conserva, tallat a tires
100 g/4 oz de bolets, tallats a rodanxes
2 tiges d'api, tallades a rodanxes
50 g/2 oz de pernil, tallat a tires
2 cebes, tallades a rodanxes
1,5 l/2½ pts/6 tasses d'aigua
30 ml/2 cullerades de vinagre de vi
45 ml/3 cullerades de salsa de soja
2 rodanxes d'arrel de gingebre, picades
sal i pebre recent mòlt
15 ml/1 cullerada de farina de blat de moro (maizena)
45 ml/3 cullerades d'aigua

Escalfeu l'oli i sofregiu la carn de porc, l'abalón, els bolets, l'api, el pernil i la ceba durant 8 minuts. Afegiu l'aigua i el vinagre de vi, deixeu-ho bullir, tapeu i deixeu-ho coure a foc lent durant 20 minuts. Afegiu-hi la salsa de soja, el gingebre, la sal i el pebre. Barregeu la farina de blat de moro fins a obtenir una pasta amb el aigua, remeneu-ho a la sopa i deixeu-ho coure a foc lent, remenant, durant 5 minuts fins que la sopa s'aclareixi i espesseixi.

Sopa de pollastre i espàrrecs

Serveis 4

100 g/4 oz de pollastre, ratllat

2 clares d'ou

2,5 ml/½ culleradeta de sal

30 ml/2 cullerades de farina de blat de moro (maizena)

225 g/8 oz d'espàrrecs, tallats a trossos de 5 cm/2

100 g/4 oz de brots de soja

1,5 l/2½ pts/6 tasses de brou de pollastre

100 g/4 oz de bolets botó

Barrejar el pollastre amb les clares, la sal i la farina de blat de moro i deixar reposar 30 minuts. Cuini el pollastre en aigua bullint durant uns 10 minuts fins que estigui cuit i després escorreu-lo bé. Escaldeu els espàrrecs en aigua bullint durant 2 minuts i després escorreu-los. Blanqueu els brots de soja en aigua bullint durant 3 minuts i després escorreu-los. Aboqueu el brou en una paella gran i afegiu-hi el pollastre, els espàrrecs, els bolets i els brots de soja. Porta a ebullició i condimenta amb sal al gust. Cuini a foc lent uns minuts perquè es desenvolupin els sabors i fins que les verdures estiguin tendres però encara cruixents.

Sopa de vedella

Serveis 4

225 g/8 oz de vedella picada (molida).
15 ml/1 cullerada de salsa de soja
15 ml/1 cullerada de vi d'arròs o xerès sec
15 ml/1 cullerada de farina de blat de moro (maizena)
1,2 l/2 pts/5 tasses de brou de pollastre
5 ml/1 culleradeta de salsa de bitxo
sal i pebre
2 ous, batuts
6 cebes tendra (cebes vermelles), picades

Barregeu la vedella amb la salsa de soja, el vi o el xerès i la farina de blat de moro. Afegiu-ho al brou i deixeu-ho bullir a poc a poc, remenant. Afegiu-hi la salsa de bitxo i condimenteu-ho al gust amb sal i pebre, tapeu-ho i deixeu-ho coure a foc lent uns 10 minuts, remenant de tant en tant. Incorporeu-hi els ous i serviu-ho escampat amb les cebes tendra.

Sopa de vedella i fulles xineses

Serveis 4

200 g/7 oz de vedella magra, tallada a tires
15 ml/1 cullerada de salsa de soja
15 ml/1 cullerada d'oli de cacauet (cacauet).
1,5 l/2½ pts/6 tasses de brou de vedella
5 ml/1 culleradeta de sal
2,5 ml/½ culleradeta de sucre
½ cap fulles xineses, tallades a trossos

Barregeu la vedella amb la salsa de soja i l'oli i deixeu-ho marinar durant 30 minuts, remenant de tant en tant. Porteu el fumet a ebullició amb la sal i el sucre, afegiu-hi les fulles xineses i deixeu-ho coure a foc lent uns 10 minuts fins que estigui gairebé cuit. Afegiu la vedella i deixeu-ho coure a foc lent durant 5 minuts més.

Sopa de col

Serveis 4

60 ml/4 cullerades d'oli de cacauet (cacauet).
2 cebes, picades
100 g/4 oz de carn magra de porc, tallada a tires
225 g/8 oz de col xinesa, triturada
10 ml/2 culleradetes de sucre
1,2 l/2 pts/5 tasses de brou de pollastre
45 ml/3 cullerades de salsa de soja
sal i pebre
15 ml/1 cullerada de farina de blat de moro (maizena)

Escalfeu l'oli i sofregiu les cebes i la carn de porc fins que estiguin lleugerament daurades. Afegiu-hi la col i el sucre i sofregiu-ho durant 5 minuts. Afegiu-hi el brou i la salsa de soja i amaniu-ho al gust amb sal i pebre. Portar a ebullició, tapar i coure a foc lent durant 20 minuts. Barregeu la farina de blat de moro amb una mica d'aigua, remeneu-la a la sopa i deixeu-ho coure a foc lent, remenant, fins que la sopa espesseixi i s'aclareixi.

Sopa de vedella picant

Serveis 4

45 ml/3 cullerades d'oli de cacauet (cacauet).

1 gra d'all, triturat

5 ml/1 culleradeta de sal

225 g/8 oz de vedella picada (molida).

6 cebes tendra (cebes), tallades a tires

1 pebrot vermell, tallat a tires

1 pebrot verd, tallat a tires

225 g/8 oz de col, tallada

1 l/1¾ pts/4¼ tasses de brou de vedella

30 ml/2 cullerades de salsa de pruna

30 ml/2 cullerades de salsa hoisin

45 ml/3 cullerades de salsa de soja

2 trossos de gingebre de tija, picat

2 ous

5 ml/1 culleradeta d'oli de sèsam

225 g/8 oz de fideus transparents, remullats

Escalfeu l'oli i sofregiu l'all i la sal fins que estigui lleugerament daurat. Afegiu la carn de vedella i daureu ràpidament. Afegiu-hi les verdures i sofregiu fins que quedi translúcid. Afegiu-hi el brou, la salsa de prunes, la salsa hoisin, 30 ml/2

cullerada de salsa de soja i el gingebre, portar a ebullició i coure a foc lent durant 10 minuts. Bateu els ous amb l'oli de sèsam i la salsa de soja restant. Afegiu-hi els fideus a la sopa i deixeu-ho coure, remenant, fins que els ous formin fils i els fideus estiguin tendres.

Sopa Celestial

Serveis 4

2 cebes tendres (cebes), picades

1 gra d'all, triturat

30 ml/2 cullerades de julivert fresc picat

5 ml/1 culleradeta de sal

15 ml/1 cullerada d'oli de cacauet (cacauet).

30 ml/2 cullerades de salsa de soja

1,5 l/2½ pts/6 tasses d'aigua

Barregeu la ceba tendra, l'all, el julivert, la sal, l'oli i la salsa de soja. Porteu l'aigua a ebullició, aboqueu-hi la barreja de ceba tendra i deixeu-ho reposar 3 minuts.

Sopa de pollastre i brots de bambú

Serveis 4

2 potes de pollastre
30 ml/2 cullerades d'oli de cacauet (cacauet).
5 ml/1 culleradeta de vi d'arròs o xerès sec
1,5 l/2½ pts/6 tasses de brou de pollastre
3 cebes tendra, tallades a rodanxes
100 g/4 oz de brots de bambú, tallats a trossos
5 ml/1 culleradeta d'arrel de gingebre picada
sal

Desossar el pollastre i tallar la carn a trossos. Escalfeu l'oli i fregiu el pollastre fins que quedi segellat per tots els costats. Afegiu el brou, les cebes tendra, els brots de bambú i el gingebre, deixeu-ho bullir i deixeu-ho coure a foc lent durant uns 20 minuts fins que el pollastre estigui tendre. Salpebreu al gust abans de servir.

Sopa de pollastre i blat de moro

Serveis 4

1 l/1¾ pts/4¼ tasses de brou de pollastre

100 g/4 oz de pollastre, picat

200 g/7 oz de blat de moro dolç

tallar pernil, picat

ous, batuts

15 ml/1 cullerada de vi d'arròs o xerès sec

Porteu el brou i el pollastre a ebullició, tapeu i deixeu-ho coure a foc lent durant 15 minuts. Afegiu el blat de moro i el pernil, tapeu i deixeu-ho coure a foc lent durant 5 minuts. Afegiu-hi els ous i el xerès, remenant lentament amb un escuradents perquè els ous es formin fils. Retirar del foc, tapar i deixar reposar 3 minuts abans de servir.

Sopa de pollastre i gingebre

Serveis 4

4 bolets xinesos secs
1,5 l/2½ pts/6 tasses d'aigua o brou de pollastre
225 g/8 oz de carn de pollastre, tallada a daus
10 rodanxes d'arrel de gingebre
5 ml/1 culleradeta de vi d'arròs o xerès sec
sal

Remullar els bolets en aigua tèbia durant 30 minuts i després escórrer. Descartar les tiges. Porteu l'aigua o el brou a ebullició amb la resta d'ingredients i deixeu-ho coure a foc lent durant uns 20 minuts fins que el pollastre estigui cuit.

Sopa de pollastre amb bolets xinesos

Serveis 4

25 g/1 oz de bolets xinesos secs
100 g/4 oz de pollastre, ratllat
50 g/2 oz de brots de bambú, triturats
30 ml/2 cullerades de salsa de soja
30 ml/2 cullerades de vi d'arròs o xerès sec
1,2 l/2 pts/5 tasses de brou de pollastre

Remullar els bolets en aigua tèbia durant 30 minuts i després escórrer. Descartar les tiges i tallar els taps. Escaldeu els bolets, el pollastre i els brots de bambú en aigua bullint durant 30 segons i després escorreu-los. Poseu-los en un bol i remeneu-hi la salsa de soja i el vi o el xerès. Deixar marinar 1 hora. Porteu el fumet a ebullició, afegiu-hi la barreja de pollastre i la marinada. Remeneu-ho bé i deixeu-ho coure uns minuts fins que el pollastre estigui ben cuit.

Sopa de pollastre i arròs

Serveis 4

1 l/1¾ pts/4¼ tasses de brou de pollastre

225 g/8 oz/1 tassa d'arròs de gra llarg cuit

100 g/4 oz de pollastre cuit, tallat a tires

1 ceba, tallada a rodanxes

5 ml/1 culleradeta de salsa de soja

Escalfeu tots els ingredients junts suaument fins que estiguin calents sense deixar que bulli la sopa.

Sopa de pollastre i coco

Serveis 4

350 g/12 oz de pit de pollastre

sal

10 ml/2 culleradetes de farina de blat de moro (maizena)

30 ml/2 cullerades d'oli de cacauet (cacauet).

1 bitxo verd, picat

1 l/1¾ pts/4¼ tasses de llet de coco

5 ml/1 culleradeta de pell de llimona ratllada

12 litxis

un polsim de nou moscada ratllada

sal i pebre recent mòlt

2 fulles de bàlsam de llimona

Talleu el pit de pollastre en diagonal a través del gra a tires. Espolvorear amb sal i arrebossar amb farina de blat de moro. Escalfeu 10 ml/2 culleradetes d'oli en un wok, feu girar i aboqueu-lo. Repetiu una vegada més. Escalfeu l'oli restant i sofregiu el pollastre i el bitxo durant 1 minut. Afegiu la llet de coco i porteu-ho a ebullició. Afegiu la pell de llimona i deixeu-ho coure a foc lent durant 5 minuts. Afegiu-hi els litxis, amaniu-ho amb nou moscada, sal i pebre i serviu-ho guarnit amb melissa.

Sopa de cloïsses

Serveis 4

2 bolets xinesos secs
12 cloïsses, remullats i fregats
1,5 l/2½ pts/6 tasses de brou de pollastre
50 g/2 oz de brots de bambú, triturats
50 g/2 oz de pèsols de neu, a la meitat
2 cebes tendra (cebolletes), tallades a anelles
15 ml/1 cullerada de vi d'arròs o xerès sec
una mica de pebre acabat de mòlta

Remullar els bolets en aigua tèbia durant 30 minuts i després escórrer. Descartar les tiges i tallar els taps a la meitat. Coeu les cloïsses al vapor uns 5 minuts fins que s'obrin; descartar els que romanguin tancats. Traieu les cloïsses de les seves closques. Porteu el fumet a ebullició i afegiu-hi els bolets, els brots de bambú, el mangeut i la ceba tendra. Cuini a foc lent, sense tapar, durant 2 minuts. Afegiu-hi les cloïsses, el vi o el xerès i el pebre i deixeu-ho coure a foc lent fins que s'escalfi.

Sopa d'ous

Serveis 4

1,2 l/2 pts/5 tasses de brou de pollastre
3 ous, batuts
45 ml/3 cullerades de salsa de soja
sal i pebre recent mòlt
4 cebes tendra (cebolletes), tallades a rodanxes

Porteu el fumet a ebullició. Batre els ous batuts a poc a poc perquè es separin en brins. Incorporeu-hi la salsa de soja i amaniu-ho al gust amb sal i pebre. Serviu-ho guarnit amb ceba tendra.

Sopa de cranc i vieiras

Serveis 4

4 bolets xinesos secs
15 ml/1 cullerada d'oli de cacauet (cacauet).
1 ou, batut
1,5 l/2½ pts/6 tasses de brou de pollastre
175 g/6 oz de carn de cranc, en escates
100 g/4 oz de vieires pelades, tallades a rodanxes
100 g/4 oz de brots de bambú, tallats a rodanxes
2 cebes tendra (cebolletes), picades
1 rodanxa d'arrel de gingebre, picada
unes quantes gambes cuites i pelades (opcional)
45 ml/3 cullerades de farina de blat de moro (maizena)
90 ml/6 cullerades d'aigua
30 ml/2 cullerades de vi d'arròs o xerès sec
20 ml/4 culleradetes de salsa de soja
2 clares d'ou

Remullar els bolets en aigua tèbia durant 30 minuts i després escórrer. Descartar les tiges i tallar les tapes fines. Escalfeu l'oli, afegiu-hi l'ou i inclineu la paella perquè l'ou cobreixi el fons. Cuini fins que posar després girar i cuinar l'altre costat. Retirar de la paella, enrotllar i tallar a tires fines.

Porteu el brou a ebullició, afegiu-hi els bolets, les tires d'ou, la carn de cranc, les vieires, els brots de bambú, la ceba tendra, el gingebre i les gambes, si feu servir. Tornar a bullir. Barrejar la farina de blat de moro amb 60 ml/4 cullerades d'aigua, el vi o xerès i la salsa de soja i remenar a la sopa. Cuini a foc lent, remenant fins que la sopa espessi. Bateu les clares amb l'aigua restant i aboqueu la barreja a poc a poc a la sopa, remenant enèrgicament.

Sopa de cranc

Serveis 4

90 ml/6 cullerades d'oli de cacauet (cacauet).
3 cebes, picades
225 g/8 oz de carn de cranc blanc i marró
1 rodanxa d'arrel de gingebre, picada
1,2 l/2 pts/5 tasses de brou de pollastre
150 ml/¼pt/ tassa de vi d'arròs o xerès sec
45 ml/3 cullerades de salsa de soja
sal i pebre recent mòlt

Escalfeu l'oli i sofregiu les cebes fins que estiguin toves però no daurades. Afegiu la carn de cranc i el gingebre i sofregiu-ho durant 5 minuts. Afegiu-hi el brou, vi o xerès i salsa de soja, rectifiqueu de sal i pebre. Porteu a ebullició i deixeu-ho coure a foc lent durant 5 minuts.

Sopa de peix

Serveis 4

225 g/8 oz de filets de peix
1 rodanxa d'arrel de gingebre, picada
15 ml/1 cullerada de vi d'arròs o xerès sec
30 ml/2 cullerades d'oli de cacauet (cacauet).
1,5 l/2½ pts/6 tasses de brou de peix

Talleu el peix a tires fines contra el gra. Barrejar el gingebre, el vi o el xerès i l'oli, afegir el peix i remenar suaument. Deixar marinar durant 30 minuts, girant de tant en tant. Porteu el brou a ebullició, afegiu-hi el peix i deixeu-ho coure a foc lent durant 3 minuts.

Sopa de peix i enciam

Serveis 4

225 g/8 oz de filets de peix blanc

30 ml/2 cullerades de farina normal (tot ús).

sal i pebre recent mòlt

90 ml/6 cullerades d'oli de cacauet (cacauet).

6 cebes tendra (cebolletes), tallades a rodanxes

100 g/4 oz d'enciam, ratllat

1,2 l/2 pts/5 tasses d'aigua

10 ml/2 culleradetes d'arrel de gingebre picada finament

150 ml/¼ pt/generosa ½ tassa de vi d'arròs o xerès sec

30 ml/2 cullerades de farina de blat de moro (maizena)

30 ml/2 cullerades de julivert fresc picat

10 ml/2 culleradetes de suc de llimona

30 ml/2 cullerades de salsa de soja

Talleu el peix a tires fines i tireu-hi farina condimentada. Escalfeu l'oli i sofregiu la ceba tendra fins que estigui tova. Afegiu l'enciam i sofregiu durant 2 minuts. Afegiu el peix i deixeu-ho coure durant 4 minuts. Afegiu l'aigua, el gingebre i el vi o el xerès, porteu-ho a ebullició, tapeu i deixeu-ho coure a foc lent durant 5 minuts. Barregeu la farina de blat de moro amb una mica d'aigua i afegiu-la a la sopa. Cuini a foc lent, remenant durant 4 minuts més fins que la sopa

s'aclareix i després rectifiquem de sal i pebre. Serviu-ho escampat amb julivert, suc de llimona i salsa de soja.

Sopa de gingebre amb boletes

Serveis 4

5 cm d'arrel de gingebre ratllada
350 g/12 oz de sucre moreno
1,5 l/2½ pts/7 tasses d'aigua
225 g/8 oz/2 tasses de farina d'arròs
2,5 ml/½ culleradeta de sal
60 ml/4 cullerades d'aigua

Posar el gingebre, el sucre i l'aigua en una cassola i portar a ebullició, remenant. Tapa i deixa coure a foc lent uns 20 minuts. Colar la sopa i tornar-la a la paella.

Mentrestant, poseu la farina i la sal en un bol i aneu pastant amb l'aigua justa per fer una massa espessa. Enrotlleu-lo en boles petites i deixeu caure les boles de massa a la sopa. Torneu a bullir la sopa, tapeu i deixeu-ho coure a foc lent durant 6 minuts més fins que les boles de massa estiguin cuites.

Sopa agre calenta

Serveis 4

8 bolets xinesos secs
1 l/1¾ pts/4¼ tasses de brou de pollastre
100 g/4 oz de pollastre, tallat a tires
100 g/4 oz de brots de bambú, tallats a tires
100 g/4 oz de tofu, tallat a tires
15 ml/1 cullerada de salsa de soja
30 ml/2 cullerades de vinagre de vi
30 ml/2 cullerades de farina de blat de moro (maizena)
2 ous, batuts
unes gotes d'oli de sèsam

Remullar els bolets en aigua tèbia durant 30 minuts i després escórrer. Descartar les tiges i tallar els taps a tires. Porteu els bolets, el brou, el pollastre, els brots de bambú i el tofu a ebullició, tapeu i deixeu-ho coure a foc lent durant 10 minuts. Barregeu la salsa de soja, el vinagre de vi i la farina de blat de moro fins a obtenir una pasta llisa, remeneu-ho a la sopa i deixeu-ho coure a foc lent durant 2 minuts fins que la sopa sigui translúcida. Afegiu lentament els ous i l'oli de sèsam, remenant amb un escuradents. Tapa i deixa reposar 2 minuts abans de servir.

Sopa de bolets

Serveis 4

15 bolets xinesos secs
1,5 l/2½ pts/6 tasses de brou de pollastre
5 ml/1 cullerada de sal

Remullar els bolets en aigua tèbia durant 30 minuts i després escórrer, reservant el líquid. Descarteu les tiges i talleu els taps per la meitat si són grans i poseu-los en un bol gran resistent a la calor. Col·loqueu el bol sobre una reixeta en un vapor. Porteu el fumet a ebullició, aboqueu-hi sobre els bolets i després tapeu-ho i coeu-ho al vapor durant 1 hora sobre aigua a foc lent. Salpebrem al gust i servim.

Sopa de ceps i cols

Serveis 4

25 g/1 oz de bolets xinesos secs
15 ml/1 cullerada d'oli de cacauet (cacauet).
50 g/2 oz de fulles xineses, triturades
15 ml/1 cullerada de vi d'arròs o xerès sec
15 ml/1 cullerada de salsa de soja
1,2 l/2 pts/5 tasses de brou de pollastre o verdures
sal i pebre recent mòlt
5 ml/1 culleradeta d'oli de sèsam

Remullar els bolets en aigua tèbia durant 30 minuts i després escórrer. Descartar les tiges i tallar els taps. Escalfeu l'oli i sofregiu els bolets i les fulles xineses durant 2 minuts fins que estiguin ben coberts. Afegiu-hi el vi o el xerès i la salsa de soja i afegiu-hi el brou. Porteu-ho a ebullició, condimenteu-ho al gust amb sal i pebre i deixeu-ho coure a foc lent durant 5 minuts. Espolvorear amb oli de sèsam abans de servir.

Sopa de gota d'ou de bolets

Serveis 4

1 l/1¾ pts/4¼ tasses de brou de pollastre

30 ml/2 cullerades de farina de blat de moro (maizena)

100 g/4 oz de bolets, tallats a rodanxes

1 rodanxa de ceba, picada finament

pessic de sal

3 gotes d'oli de sèsam

2,5 ml/½ culleradeta de salsa de soja

1 ou, batut

Barregeu una mica de brou amb la farina de blat de moro i barregeu tots els ingredients menys l'ou. Portar a ebullició, tapar i coure a foc lent durant 5 minuts. Afegiu l'ou, remenant amb un escuradents perquè l'ou es formi fils. Retirar del foc i deixar reposar 2 minuts abans de servir.

Sopa de castanyes de bolets i aigua

Serveis 4

1 l/1¾ pts/4¼ tasses de brou de verdures o aigua
2 cebes, ben picades
5 ml/1 cullerradeta de vi d'arròs o xerès sec
30 ml/2 cullerades de salsa de soja
225 g/8 oz de bolets botó
100 g/4 oz de castanyes d'aigua, a rodanxes
100 g/4 oz de brots de bambú, tallats a rodanxes
unes gotes d'oli de sèsam
2 fulles d'enciam, tallades a trossos
2 cebes tendra (cebes), tallades a trossos

Porteu a ebullició l'aigua, les cebes, el vi o el xerès i la salsa de soja, tapeu-ho i deixeu-ho coure a foc lent durant 10 minuts. Afegiu-hi els bolets, les castanyes d'aigua i els brots de bambú, tapeu i deixeu-ho coure a foc lent durant 5 minuts. Incorporeu l'oli de sèsam, les fulles d'enciam i la ceba tendra, retireu del foc, tapeu i deixeu-ho reposar 1 minut abans de servir.

Sopa de porc i bolets

Serveis 4

60 ml/4 cullerades d'oli de cacauet (cacauet).

1 gra d'all, triturat

2 cebes, tallades a rodanxes

225 g/8 oz de carn magra de porc, tallada a tires

1 branca d'api, picada

50 g/2 oz de bolets, tallats a rodanxes

2 pastanagues, tallades a rodanxes

1,2 l/2 pts/5 tasses de brou de vedella

15 ml/1 cullerada de salsa de soja

sal i pebre recent mòlt

15 ml/1 cullerada de farina de blat de moro (maizena)

Escalfeu l'oli i sofregiu els alls, les cebes i la carn de porc fins que les cebes estiguin toves i lleugerament daurades. Afegiu l'api, els xampinyons i les pastanagues, tapeu i deixeu-ho coure a foc lent durant 10 minuts. Porteu el fumet a ebullició i afegiu-lo a la cassola amb la salsa de soja i rectifiqueu-ho al gust de sal i pebre. Barregeu la farina de blat de moro amb una mica d'aigua i després remeneu-la a la cassola i deixeu-ho coure a foc lent, remenant, durant uns 5 minuts.

Sopa de porc i créixens

Serveis 4

1,5 l/2½ pts/6 tasses de brou de pollastre
100 g/4 oz de carn magra de porc, tallada a tires
3 tiges d'api, tallades en diagonal
2 cebes tendra (cebes), tallades a rodanxes
1 ram de créixens
5 ml/1 culleradeta de sal

Porteu el fumet a ebullició, afegiu-hi la carn de porc i l'api, tapeu-ho i deixeu-ho coure a foc lent durant 15 minuts. Afegiu-hi la ceba tendra, els créixens i la sal i deixeu-ho coure a foc lent, sense tapar, durant uns 4 minuts.

Sopa de porc i cogombre

Serveis 4

100 g/4 oz de carn de porc magra, a rodanxes fines
5 ml/1 cullleradeta de farina de blat de moro (maicena)
15 ml/1 cullerada de salsa de soja
15 ml/1 cullerada de vi d'arròs o xerès sec
1 cogombre
1,5 l/2½ pts/6 tasses de brou de pollastre
5 ml/1 cullleradeta de sal

Barregeu la carn de porc, la farina de blat de moro, la salsa de soja i el vi o el xerès. Remeneu per arrebossar la carn de porc. Peleu el cogombre i talleu-lo per la meitat longitudinalment i traieu-ne les llavors. Tallar gruixut. Porteu el fumet a ebullició, afegiu-hi la carn de porc, tapeu i deixeu-ho coure a foc lent durant 10 minuts. Incorporeu-hi el cogombre i deixeu-ho coure a foc lent uns minuts fins que estigui translúcid. Afegiu-hi la sal i afegiu-hi una mica més de salsa de soja, si voleu.

Sopa amb boles de porc i fideus

Serveis 4

50 g/2 oz de fideus d'arròs
225 g/8 oz de carn de porc picada (molida).
5 ml/1 culleradeta de farina de blat de moro (maicena)
2,5 ml/½ culleradeta de sal
30 ml/2 cullerades d'aigua
1,5 l/2½ pts/6 tasses de brou de pollastre
1 ceba tendra (ceba), picada finament
5 ml/1 culleradeta de salsa de soja

Poseu els fideus en aigua freda perquè es remullin mentre prepareu les mandonguilles. Barregeu la carn de porc, la farina de blat de moro, una mica de sal i l'aigua i formeu boles de la mida d'una nou. Porteu una cassola d'aigua a ebullició, poseu-hi les boles de porc, tapeu i deixeu-ho coure a foc lent durant 5 minuts. Escórrer bé i escórrer els fideus. Porteu el fumet a ebullició, afegiu-hi les boletes i els fideus de porc, tapeu i deixeu-ho coure a foc lent durant 5 minuts. Afegiu la ceba tendra, la salsa de soja i la sal restant i deixeu-ho coure a foc lent durant 2 minuts més.

Sopa d'espinacs i tofu

Serveis 4

1,2 l/2 pts/5 tasses de brou de pollastre

200 g/7 oz de tomàquets en conserva, escorreguts i picats

225 g/8 oz de tofu, a daus

225 g/8 oz d'espinacs, picats

30 ml/2 cullerades de salsa de soja

5 ml/1 culleradeta de sucre moreno

sal i pebre recent mòlt

Porteu el fumet a ebullició, afegiu-hi els tomàquets, el tofu i els espinacs i remeneu-ho suaument. Torneu a bullir i feu-ho a foc lent durant 5 minuts. Afegiu-hi la salsa de soja i el sucre i condimenteu-ho al gust amb sal i pebre. Cuini a foc lent durant 1 minut abans de servir.

Sopa de blat de moro i cranc

Serveis 4

1,2 l/2 pts/5 tasses de brou de pollastre
200 g/7 oz de blat de moro dolç
sal i pebre recent mòlt
1 ou, batut
200 g/7 oz de carn de cranc, en escates
3 escalunyes, picades

Porteu el brou a ebullició, afegiu-hi la temporada de blat de moro amb sal i pebre. Cuini a foc lent durant 5 minuts. Just abans de servir, aboqueu els ous per una forquilla i remeneu-los per sobre de la sopa. Serviu-ho escampat amb carn de cranc i escalunyes picades.

Sopa de Szechuan

Serveis 4

4 bolets xinesos secs

1,5 l/2½ pts/6 tasses de brou de pollastre

75 ml/5 cullerades de vi blanc sec

15 ml/1 cullerada de salsa de soja

2,5 ml/½ culleradeta de salsa de bitxo

30 ml/2 cullerades de farina de blat de moro (maizena)

60 ml/4 cullerades d'aigua

100 g/4 oz de carn magra de porc, tallada a tires

50 g/2 oz de pernil cuit, tallat a tires

1 pebrot vermell, tallat a tires

50 g/2 oz de castanyes d'aigua, a rodanxes

10 ml/2 culleradetes de vinagre de vi

5 ml/1 culleradeta d'oli de sèsam

1 ou, batut

100 g/4 oz de gambes pelades

6 cebes tendra (cebes vermelles), picades

175 g/6 oz de tofu, a daus

Remullar els bolets en aigua tèbia durant 30 minuts i després escórrer. Descartar les tiges i tallar els taps. Porta el brou, el vi, la soja

la salsa i la salsa de bitxo a ebullició, tapar i coure a foc lent durant 5 minuts. Barregeu la farina de blat de moro amb la meitat de l'aigua i remeneu-la a la sopa, remenant fins que la sopa espesseixi. Afegiu-hi els bolets, la carn de porc, el pernil, el pebre i les castanyes d'aigua i deixeu-ho coure a foc lent durant 5 minuts. Incorporeu-hi el vinagre de vi i l'oli de sèsam. Bateu l'ou amb l'aigua restant i aboqueu-ho a la sopa, remenant enèrgicament. Afegiu-hi les gambes, la ceba tendra i el tofu i deixeu-ho coure a foc lent uns minuts perquè s'escalfi.

Sopa de tofu

Serveis 4

1,5 l/2½ pts/6 tasses de brou de pollastre

225 g/8 oz de tofu, a daus

5 ml/1 culleradeta de sal

5 ml/1 culleradeta de salsa de soja

Porteu el fumet a ebullició i afegiu-hi el tofu, la sal i la salsa de soja. Cuini a foc lent uns minuts fins que el tofu s'escalfi.

Sopa de tofu i peix

Serveis 4

225 g/8 oz de filets de peix blanc, tallats a tires
150 ml/¼ pt/generosa ½ tassa de vi d'arròs o xerès sec
10 ml/2 culleradetes d'arrel de gingebre picada finament
45 ml/3 cullerades de salsa de soja
2,5 ml/½ culleradeta de sal
60 ml/4 cullerades d'oli de cacauet (cacauet).
2 cebes, picades
100 g/4 oz de bolets, tallats a rodanxes
1,2 l/2 pts/5 tasses de brou de pollastre
100 g/4 oz de tofu, a daus
sal i pebre recent mòlt

Poseu el peix en un bol. Barregeu el vi o el xerès, el gingebre, la salsa de soja i la sal i aboqueu-hi el peix. Deixar marinar durant 30 minuts. Escalfeu l'oli i sofregiu la ceba durant 2 minuts. Afegiu-hi els bolets i continueu sofregint fins que les cebes estiguin toves però no daurades. Afegiu el peix i la marinada, porteu-ho a ebullició, tapeu i deixeu-ho coure a foc lent durant 5 minuts. Afegiu el brou, torneu a bullir, tapeu i deixeu-ho coure a foc lent durant 15 minuts. Afegiu-hi el tofu i condimenteu-ho al gust amb sal i pebre. Cuini a foc lent fins que el tofu estigui cuit.

Sopa de tomàquet

Serveis 4

400 g/14 oz de tomàquets en conserva, escorreguts i picats
1,2 l/2 pts/5 tasses de brou de pollastre
1 rodanxa d'arrel de gingebre, picada
15 ml/1 cullerada de salsa de soja
15 ml/1 cullerada de salsa de bitxo
10 ml/2 culleradetes de sucre

Poseu tots els ingredients en una cassola i deixeu-ho bullir lentament, remenant de tant en tant. Cuini a foc lent uns 10 minuts abans de servir.

Sopa de tomàquet i espinacs

Serveis 4

1,2 l/2 pts/5 tasses de brou de pollastre

225 g/8 oz de tomàquets picats en llauna

225 g/8 oz de tofu, a daus

225 g/8 oz d'espinacs

30 ml/2 cullerades de salsa de soja

sal i pebre recent mòlt

2,5 ml/½ culleradeta de sucre

2,5 ml/½ culleradeta de vi d'arròs o xerès sec

Porteu el fumet a ebullició, afegiu-hi els tomàquets, el tofu i els espinacs i deixeu-ho coure a foc lent durant 2 minuts. Afegiu-hi la resta d'ingredients i deixeu-ho coure a foc lent durant 2 minuts, després remeneu-ho bé i serviu.

Sopa de naps

Serveis 4

1 l/1¾ pts/4¼ tasses de brou de pollastre
1 nap gran, tallat a rodanxes fines
200 g/7 oz de carn de porc magra, a rodanxes fines
15 ml/1 cullerada de salsa de soja
60 ml/4 cullerades de brandi
sal i pebre recent mòlt
4 escalunyes, ben picades

Porteu el brou a ebullició, afegiu-hi el nap i la carn de porc, tapeu-ho i deixeu-ho coure a foc lent durant 20 minuts fins que el nap estigui tendre i la carn cuita. Incorporeu la salsa de soja i el brandi al gust. Cuini a foc lent fins que serveixi calent esquitxat amb escalunyes.

Sopa de verdures

Serveis 4

6 bolets xinesos secs

1 l/1¾ pts/4¼ tasses de brou de verdures

50 g/2 oz de brots de bambú, tallats a tires

50 g/2 oz de castanyes d'aigua, a rodanxes

8 mangetout (pèsols de neu), tallats a rodanxes

5 ml/1 culleradeta de salsa de soja

Remullar els bolets en aigua tèbia durant 30 minuts i després escórrer. Descartar les tiges i tallar els taps a tires. Afegiu-los al brou amb els brots de bambú i les castanyes d'aigua i porteu-los a ebullició, tapeu i deixeu-ho coure a foc lent durant 10 minuts. Afegiu el mangeout i la salsa de soja, tapeu i deixeu-ho coure a foc lent durant 2 minuts. Deixar reposar 2 minuts abans de servir.

Sopa Vegetariana

Serveis 4

¼ *de col blanca*

2 pastanagues

3 tiges d'api

2 cebes tendra (cebes vermelles)

30 ml/2 cullerades d'oli de cacauet (cacauet).

1,5 l/2½ pts/6 tasses d'aigua

15 ml/1 cullerada de salsa de soja

15 ml/1 cullerada de vi d'arròs o xerès sec

5 ml/1 culleradeta de sal

pebre recent mòlt

Talleu les verdures a tires. Escalfeu l'oli i fregiu les verdures durant 2 minuts fins que comencin a estovar-se. Afegiu-hi la resta d'ingredients, deixeu-ho bullir, tapeu i deixeu-ho coure a foc lent durant 15 minuts.

Sopa de créixens

Serveis 4

1 l/1¾ pts/4¼ tasses de brou de pollastre
1 ceba, picada finament
1 branca d'api, ben picada
225 g/8 oz de créixens, tallats gruixuts
sal i pebre recent mòlt

Porteu el fumet, la ceba i l'api a ebullició, tapeu i deixeu-ho coure a foc lent durant 15 minuts. Afegiu-hi els créixens, tapeu i deixeu-ho coure a foc lent durant 5 minuts. Condimenteu-ho amb sal i pebre.

Peix fregit amb verdures

Serveis 4

4 bolets xinesos secs

4 peixos sencers, netejats i escalats

oli per fregir

30 ml/2 cullerades de farina de blat de moro (maizena)

45 ml/3 cullerades d'oli de cacauet (cacauet).

100 g/4 oz de brots de bambú, tallats a tires

50 g/2 oz de castanyes d'aigua, tallades a tires

50 g/2 oz de col xinesa, triturada

2 rodanxes d'arrel de gingebre, picades

30 ml/2 cullerades de vi d'arròs o xerès sec

30 ml/2 cullerades d'aigua

15 ml/1 cullerada de salsa de soja

5 ml/1 cullleradeta de sucre

120 ml/4 fl oz/¬Ω tassa de brou de peix

sal i pebre recent mòlt

¬Ω enciam de cap, triturat

15 ml/1 cullerada de julivert de fulla plana picat

Remullar els bolets en aigua tèbia durant 30 minuts i després escórrer. Descartar les tiges i tallar els taps. Espolseu el peix per la meitat

farina de blat de moro i sacsejar l'excés. Escalfeu l'oli i fregiu el peix durant uns 12 minuts fins que estigui cuit. Escórrer sobre paper de cuina i mantenir calent.

Escalfeu l'oli i sofregiu els bolets, els brots de bambú, les castanyes d'aigua i la col durant 3 minuts. Afegiu-hi el gingebre, el vi o el xerès, 15 ml/1 cullerada d'aigua, la salsa de soja i el sucre i sofregiu durant 1 minut. Afegiu el brou, sal i pebre, porteu-ho a ebullició, tapeu i deixeu-ho coure a foc lent durant 3 minuts. Barregeu la farina de blat de moro amb l'aigua restant, remeneu-la a la cassola i deixeu-ho coure a foc lent, remenant, fins que la salsa espesseixi. Col·loqueu l'enciam en un plat de servir i poseu-hi el peix per sobre. Aboqueu-hi les verdures i la salsa i serviu-ho guarnit amb julivert.

Peix sencer al forn

Serveis 4

1 llobarro gran o peix semblant
45 ml/3 cullerades de farina de blat de moro (maizena)
45 ml/3 cullerades d'oli de cacauet (cacauet).
1 ceba, picada
2 grans d'all, triturats
50 g/2 oz de pernil, tallat a tires
100 g/4 oz de gambes pelades
15 ml/1 cullerada de salsa de soja
15 ml/1 cullerada de vi d'arròs o xerès sec
5 ml/1 culleradeta de sucre
5 ml/1 culleradeta de sal

Cobriu el peix amb farina de blat de moro. Escalfeu l'oli i sofregiu la ceba i els alls fins que estiguin lleugerament daurats. Afegiu el peix i fregiu fins que estigui daurat per ambdós costats. Transferiu el peix a una làmina d'alumini en una llauna per rostir i poseu-hi pernil i gambes. Afegiu a la paella la salsa de soja, el vi o el xerès, el sucre i la sal i remeneu-ho bé. Aboqueu sobre el peix, tanqueu el paper d'alumini per sobre i coure al forn preescalfat a 150¬∞C / 300¬∞F/gas mark 2 durant 20 minuts.

Peix de soja estofat

Serveis 4

1 llobarro gran o peix semblant

sal

50 g/2 oz/¬Ω tassa de farina normal (tot ús).

60 ml/4 cullerades d'oli de cacauet (cacauet).

3 rodanxes d'arrel de gingebre, picades

3 cebes tendra (cebolletes), picades

250 ml/8 fl oz/1 tassa d'aigua

45 ml/3 cullerades de salsa de soja

15 ml/1 cullerada de vi d'arròs o xerès sec

2,5 ml/¬Ω culleradeta de sucre

Netegeu i escala el peix i marqueu-lo en diagonal pels dos costats. Espolvorear amb sal i deixar reposar 10 minuts. Escalfeu l'oli i fregiu el peix fins que estigui daurat per les dues bandes, gireu-lo una vegada i remeneu-lo amb oli mentre coeu. Afegiu-hi el gingebre, la ceba tendra, l'aigua, la salsa de soja, el vi o xerès i el sucre, porteu-ho a ebullició, tapeu i deixeu-ho coure a foc lent durant 20 minuts fins que el peix estigui cuit. Serviu calent o fred.

Peix de soja amb salsa d'ostres

Serveis 4

1 llobarro gran o peix semblant

sal

60 ml/4 cullerades d'oli de cacauet (cacauet).

3 cebes tendra (cebolletes), picades

2 rodanxes d'arrel de gingebre, picades

1 gra d'all, triturat

45 ml/3 cullerades de salsa d'ostres

30 ml/2 cullerades de salsa de soja

5 ml/1 culleradeta de sucre

250 ml/8 fl oz/1 tassa de brou de peix

Netegeu i escala el peix i marqueu en diagonal unes quantes vegades per cada costat. Espolvorear amb sal i deixar reposar 10 minuts. Escalfeu la major part de l'oli i fregiu el peix fins que estigui daurat pels dos costats, girant-lo una vegada. Mentrestant, escalfeu l'oli restant en una paella a part i sofregiu la ceba tendra, el gingebre i l'all fins que es daurin lleugerament. Afegiu-hi la salsa d'ostres, la salsa de soja i el sucre i sofregiu-ho durant 1 minut. Afegiu el brou i porteu-ho a ebullició. Aboqueu la barreja al peix daurat, torneu a bullir, tapeu i deixeu-ho coure a foc lent durant aproximadament

15 minuts fins que el peix estigui cuit, girant una o dues vegades durant la cocció.

Baix al vapor

Serveis 4

1 llobarro gran o peix semblant
2,25 l/4 pts/10 tasses d'aigua
3 rodanxes d'arrel de gingebre, picades
15 ml/1 cullerada de sal
15 ml/1 cullerada de vi d'arròs o xerès sec
30 ml/2 cullerades d'oli de cacauet (cacauet).

Netegeu i escala el peix i marqueu els dos costats en diagonal diverses vegades. Porteu l'aigua a ebullició en una cassola gran i afegiu-hi la resta d'ingredients. Baixeu el peix a l'aigua, tapeu-ho bé, apagueu el foc i deixeu-ho reposar 30 minuts fins que el peix estigui cuit.

Peix estofat amb bolets

Serveis 4

4 bolets xinesos secs
1 carpa gran o peix semblant
sal
45 ml/3 cullerades d'oli de cacauet (cacauet).
2 cebes tendres (cebes), picades
1 rodanxa d'arrel de gingebre, picada
3 grans d'all, triturats
100 g/4 oz de brots de bambú, tallats a tires
250 ml/8 fl oz/1 tassa de brou de peix
30 ml/2 cullerades de salsa de soja
15 ml/1 cullerada de vi d'arròs o xerès sec
2,5 ml/¬Ω culleradeta de sucre

Remullar els bolets en aigua tèbia durant 30 minuts i després escórrer. Descartar les tiges i tallar els taps. Talleu el peix en diagonal unes quantes vegades pels dos costats, espolseu-ho amb sal i deixeu-ho reposar 10 minuts. Escalfeu l'oli i fregiu el peix fins que estigui lleugerament daurat per les dues cares. Afegiu-hi la ceba tendra, el gingebre i l'all i sofregiu-ho durant 2 minuts. Afegiu la resta d'ingredients, porteu-ho a ebullició, tapeu i coure a foc lent durant 15 minuts fins que el peix estigui cuit, girant-lo una o dues vegades i remenant de tant en tant.

Peix agredolç

Serveis 4

1 llobarro gran o peix semblant

1 ou, batut

50 g/2 oz de farina de blat de moro (maicena de blat de moro)

oli per fregir

Per a la salsa:

15 ml/1 cullerada d'oli de cacauet (cacauet).

1 pebrot verd, tallat a tires

100 g/4 oz de trossos de pinya en conserva en almívar

1 ceba, tallada a rodanxes

100 g/4 oz/¬Ω tassa de sucre moreno

60 ml/4 cullerades de brou de pollastre

60 ml/4 cullerades de vinagre de vi

15 ml/1 cullerada de puré de tomàquet (pasta)

15 ml/1 cullerada de farina de blat de moro (maizena)

15 ml/1 cullerada de salsa de soja

3 cebes tendra (cebolletes), picades

Netegeu el peix i traieu les aletes i el cap si ho preferiu. Reboqueu-ho amb ou batut i després amb farina de blat de moro. Escalfeu l'oli i fregiu el peix fins que estigui ben cuit. Escórrer bé i mantenir calent.

Per fer la salsa, escalfeu l'oli i sofregiu el pebrot, la pinya escorreguda i la ceba durant 4 minuts. Afegiu 30 ml/2 cullerades de xarop de pinya, el sucre, el brou, el vinagre de vi, el puré de tomàquet, la farina de blat de moro i la salsa de soja i deixeu-ho bullir, remenant. Cuini a foc lent, remenant, fins que la salsa es clarifiqui i espesseixi. Aboqueu-hi el peix i serviu-ho escampat amb ceba tendra.

Peix Farcit de Porc

Serveis 4

1 carpa gran o peix semblant

sal

100 g/4 oz de carn de porc picada (molida).

1 ceba tendra (ceba), picada

4 rodanxes d'arrel de gingebre, picades

15 ml/1 cullerada de farina de blat de moro (maizena)

60 ml/4 cullerades de salsa de soja

15 ml/1 cullerada de vi d'arròs o xerès sec

5 ml/1 culleradeta de sucre

75 ml/5 cullerades d'oli de cacauet (cacauet).

2 grans d'all, triturats

1 ceba, tallada a rodanxes

300 ml/¬Ω pt/1¬° tasses d'aigua

Netegeu i escala el peix i salpebreu-lo. Barregeu la carn de porc, la ceba tendra, una mica de gingebre, la farina de blat de moro, 15 ml/1 cullerada de salsa de soja, el vi o xerès i el sucre i feu servir per farcir el peix. Escalfeu l'oli i sofregiu el peix fins que estigui lleugerament daurat per ambdós costats, després traieu-lo de la paella i escorreu la major part de l'oli. Afegiu l'all i el gingebre restant i sofregiu-ho fins que estigui lleugerament daurat.

Afegiu-hi la salsa de soja restant i l'aigua, deixeu-ho bullir i deixeu-ho coure a foc lent durant 2 minuts. Torneu el peix a la cassola, tapeu-ho i deixeu-ho coure a foc lent durant uns 30 minuts fins que el peix estigui cuit, girant una o dues vegades.

Carpa estofada i especiada

Serveis 4

1 carpa gran o peix semblant

150 ml/¬° pt/generosa ¬Ω tassa d'oli de cacauet (cacauet).

15 ml/1 cullerada de sucre

2 grans d'all, ben picats

100 g/4 oz de brots de bambú, tallats a rodanxes

150 ml/¬° pt/generosa ¬Ω tassa de brou de peix

15 ml/1 cullerada de vi d'arròs o xerès sec

15 ml/1 cullerada de salsa de soja

2 cebes tendra (cebolletes), picades

1 rodanxa d'arrel de gingebre, picada

15 ml/1 cullerada de sal de vinagre de vi

Netegeu i escala el peix i poseu-lo en remull durant diverses hores en aigua freda. Escorreu-lo i assequeu-lo, després marqueu cada costat diverses vegades. Escalfeu l'oli i fregiu el peix pels dos costats fins que estigui ferm. Traieu de la paella i aboqueu-ho i reserveu-ho tot menys 30 ml/2 cullerades d'oli. Afegiu el sucre a la cassola i remeneu fins que s'enfosqui. Afegiu-hi els alls i els brots de bambú i remeneu-ho bé. Afegiu-hi la resta d'ingredients, porteu-ho a ebullició, torneu el peix a la cassola, tapeu-lo i deixeu-ho coure a foc lent durant uns 15 minuts fins que el peix estigui cuit.

Col·loqueu el peix en un plat de servir escalfat i coleu la salsa per sobre.

Ous al vapor amb peix

Serveis 4

Filets de llenguado de 225 g/8 oz, tallats a tires
30 ml/2 cullerades de farina de blat de moro (maizena)
½ pebrot verd petit, tallat finament
1 ceba tendra (ceba), picada finament
30 ml/2 cullerades d'oli de cacauet (cacauet).
120 ml/4 fl oz/½ tassa de brou de pollastre
3 ous, lleugerament batuts
pessic de sal

Espolseu lleugerament les tires de peix amb farina de blat de moro i agiteu-ne l'excés. Col·loqueu-los en una safata poc profunda apta per al forn. Espolvorear amb el pebrot, la ceba tendra i l'oli. Escalfeu el brou de pollastre, remeneu-lo als ous i rectifiqueu-ho de sal i després aboqueu la barreja sobre el peix. Col·loqueu el plat en una reixeta en una vaporera, tapeu-ho i coeu-ho al vapor durant uns 40 minuts sobre aigua a foc lent fins que el peix estigui cuit i els ous estiguin ben cuits.

Ous al vapor amb pernil i peix

Serveis 4–6

6 ous, separats
225 g/8 oz de bacallà picat (mòlt).
375 ml/13 fl oz/1½ tasses d'aigua tèbia
pessic de sal
50 g/2 oz de pernil fumat, picat
15 ml/1 cullerada d'oli de cacauet (cacauet).
branquetes de julivert de fulla plana

Barregeu la clara d'ou amb el peix, la meitat de l'aigua i una mica de sal i aboqueu la barreja en una safata poc profunda apta per al forn. Barregeu els rovells d'ou amb l'aigua restant, el pernil i una mica de sal i aboqueu-ho per sobre de la barreja de clara. Col·loqueu el plat en una reixeta en una vaporera, tapeu-ho i coeu-ho al vapor sobre aigua a foc lent durant uns 20 minuts fins que els ous estiguin cuits. Escalfeu l'oli fins al punt de fum, aboqueu-lo sobre els ous i serviu-ho guarnit amb julivert.

Ous al vapor amb carn de porc

Serveis 4

45 ml/3 cullerades d'oli de cacauet (cacauet).
225 g/8 oz de carn de porc magra, picada (molida)
100 g/4 oz de castanyes d'aigua, picades (molides)
1 ceba tendra (ceba), picada
30 ml/2 cullerades de salsa de soja
5 ml/1 culleradeta de sal
120 ml/4 fl oz/½ tassa de brou de pollastre
4 ous, lleugerament batuts

Escalfeu l'oli i sofregiu la carn de porc, les castanyes d'aigua i la ceba tendra fins que tingui una mica de color. Afegiu-hi la salsa de soja i la sal, després escorreu l'excés d'oli i poseu-hi una cullera en un plat poc profund apte per al forn. Escalfeu el brou, remeneu-lo als ous i aboqueu-lo sobre la barreja de carn. Col·loqueu el plat en una reixeta en una vaporera, tapeu-ho i coeu-ho al vapor amb aigua a foc lent durant uns 30 minuts fins que els ous estiguin ben cuidats.

Ous de porc fregits

Serveis 4

100 g/4 oz de carn de porc picada (molida).
2 cebes tendra (cebolletes) picades
15 ml/1 cullerada de farina de blat de moro (maizena)
15 ml/1 cullerada de vi d'arròs o xerès sec
15 ml/1 cullerada de salsa de soja
2,5 ml/½ culleradeta de sal
4 ous durs (cuits).
oli per fregir
½ cap d'enciam, triturat

Barregeu la carn de porc, la ceba tendra, la farina de blat de moro, el vi o xerès, la salsa de soja i la sal. Doneu forma al voltant dels ous per cobrir-los completament. Escalfeu l'oli i fregiu els ous fins que la capa estigui daurada i cuita. Retirar i escórrer bé i servir sobre un llit d'enciam.

Ous fregits amb salsa de soja

Serveis 4

45 ml/3 cullerades d'oli de cacauet (cacauet).

4 ous

15 ml/1 cullerada de salsa de soja

¼ d'enciam de cap, ratllat

Escalfeu l'oli fins que estigui ben calent i trenqueu els ous a la paella. Cuinar fins que la part inferior estigui lleugerament daurada, espolvorear-los generosament amb salsa de soja i donar la volta sense trencar el rovell. Fregir durant 1 minut més. Col·loqueu l'enciam en un plat de servir i poseu-hi els ous per sobre per servir.

Ous de mitja lluna

Serveis 4

45 ml/3 cullerades d'oli de cacauet (cacauet).

4 ous

sal i pebre recent mòlt

15 ml/1 cullerada de salsa de soja

15 ml/1 cullerada de julivert de fulla plana fresc picat

Escalfeu l'oli fins que estigui ben calent i trenqueu els ous a la paella. Cuini fins que la part inferior estigui lleugerament daurada i després espolvorear amb sal, pebre i salsa de soja. Doblegueu l'ou per la meitat i premeu suaument perquè quedi unit. Cuini 2 minuts més fins que estiguin daurats per ambdós costats i després serviu-ho escampat amb julivert.

Ous Fregits amb Verdures

Serveis 4

4 bolets xinesos secs
30 ml/2 cullerades d'oli de cacauet (cacauet).
2,5 ml/½ culleradeta de sal
3 cebes tendra (cebolletes), picades
50 g/2 oz de brots de bambú, tallats a rodanxes
50 g/2 oz de castanyes d'aigua, a rodanxes
90 ml/6 cullerades de brou de pollastre
10 ml/2 culleradetes de farina de blat de moro (maizena)
15 ml/1 cullerada d'aigua
5 ml/1 culleradeta de sucre
oli per fregir
4 ous
¼ d'enciam de cap, ratllat

Remullar els bolets en aigua tèbia durant 30 minuts i després escórrer. Descartar les tiges i tallar els taps. Escalfeu l'oli i la sal i sofregiu les cebes tendents durant 30 segons. Afegim els brots de bambú i les castanyes d'aigua i sofregim durant 2 minuts. Afegiu el fumet, porteu-ho a ebullició, tapeu i deixeu-ho coure a foc lent durant 2 minuts. Barregeu la farina de blat de moro i l'aigua fins a obtenir una pasta i remeneu-la a la paella amb el sucre. Cuini a foc lent, remenant, fins que la salsa espesseixi. Mentrestant, escalfeu l'oli i sofregiu els ous durant uns minuts fins que les vores es comencin a daurar. Col·loqueu l'enciam en un plat de servir, poseu-hi els ous per sobre i aboqueu-hi la salsa calenta.

Truita Xinesa

Serveis 4

4 ous

sal i pebre recent mòlt

30 ml/2 cullerades d'oli de cacauet (cacauet).

Bateu els ous lleugerament i rectifiqueu-los de sal i pebre. Escalfeu l'oli i aboqueu els ous a la paella i inclineu la paella perquè l'ou cobreixi la superfície. Aixequeu les vores de la truita a mesura que els ous es posen de manera que l'ou cru pugui passar per sota. Cuinar fins que s'acabi de posar, després doblegar per la meitat i servir alhora.

Truita xinesa amb brots de soja

Serveis 4

100 g/4 oz de brots de soja

4 ous

sal i pebre recent mòlt

30 ml/2 cullerades d'oli de cacauet (cacauet).

½ pebrot verd petit, picat

2 cebes tendra (cebolletes), picades

Escalfeu els brots de soja en aigua bullint durant 2 minuts i després escorreu-los bé. Bateu els ous lleugerament i rectifiqueu-los de sal i pebre. Escalfeu l'oli i sofregiu el pebrot i la ceba tendra durant 1 minut. Afegiu-hi els brots de soja i remeneu-los fins que estiguin coberts d'oli. Aboqueu els ous a la paella i inclineu la paella de manera que l'ou cobreixi la superfície. Aixequeu les vores de la truita a mesura que els ous es posen de manera que l'ou cru pugui passar per sota. Cuinar fins que s'acabi de posar, després doblegar per la meitat i servir alhora.

Truita de coliflor

Serveis 4

1 coliflor, trencada en floretes
225 g/8 oz de carn de pollastre, picada (molida)
5 ml/1 culleradeta de sal
3 clares d'ou, lleugerament batuda
2,5 ml/½ culleradeta de sal d'api
45 ml/3 cullerades de brou de pollastre
45 ml/3 cullerades d'oli de cacauet (cacauet).

Escalfeu les floretes de coliflor en aigua bullint durant 10 minuts i després escorreu-les bé. Barregeu el pollastre, la sal, les clares d'ou, la sal d'api i el brou. Batre amb una batedora elèctrica fins que la barreja formi pics suaus. Escalfem l'oli, afegim la barreja de pollastre i sofregim uns 2 minuts. Afegiu-hi la coliflor i sofregiu-ho durant 2 minuts més abans de servir.

Truita de cranc amb salsa marró

Serveis 4

15 ml/1 cullerada d'oli de cacauet (cacauet).

4 ous, batuts

2,5 ml/½ culleradeta de sal

200 g/7 oz de carn de cranc, en escates

175 ml/6 fl oz/¾ tassa de brou de pollastre

15 ml/1 cullerada de salsa de soja

10 ml/2 culleradetes de farina de blat de moro (maizena)

45 ml/3 cullerades de pèsols verds cuits

Escalfeu l'oli. Bateu els ous i la sal i afegiu-hi la carn de cranc. Aboqueu-ho a la paella i deixeu-ho coure, aixecant les vores de la truita a mesura que els ous s'enfonsen, de manera que l'ou cru pugui passar per sota. Cuini fins que s'acabi de posar, després doblegueu per la meitat i transferiu-ho a un plat de servir escalfat. Mentrestant, escalfeu el brou amb la salsa de soja i la farina de blat de moro, remenant fins que la mescla bulli i espesseixi. Cuini a foc lent durant 2 minuts i afegiu-hi els pèsols. Aboqui la truita just abans de servir.

Truita amb pernil i castanyes d'aigua

Serveis 2

30 ml/2 cullerades d'oli de cacauet (cacauet).
1 ceba, picada
1 gra d'all, triturat
50 g/2 oz de pernil, picat
50 g/2 oz de castanyes d'aigua, picades
15 ml/1 cullerada de salsa de soja
50 g/2 oz de formatge cheddar
3 ous, batuts

Escalfeu la meitat de l'oli i sofregiu la ceba, l'all, el pernil, les castanyes d'aigua i la salsa de soja fins que es daurin lleugerament. Retireu-los de la paella. Escalfeu l'oli restant, afegiu-hi els ous i traieu l'ou al centre a mesura que comenci a calar perquè l'ou cru pugui passar per sota. Quan l'ou estigui ben cuit, aboqueu la barreja de pernil a la meitat de la truita, poseu-hi el formatge per sobre i doblegueu l'altra meitat de la truita. Tapeu i deixeu coure durant 2 minuts, després gireu i deixeu-ho coure 2 minuts més fins que estigui daurat.

Truita amb llamàntol

Serveis 4

4 ous

sal i pebre recent mòlt

30 ml/2 cullerades d'oli de cacauet (cacauet).

3 cebes tendra (cebolletes), picades

100 g/4 oz de carn de llagosta, picada

Bateu els ous lleugerament i rectifiqueu-los de sal i pebre. Escalfeu l'oli i sofregiu la ceba tendra durant 1 minut. Afegiu el llamàntol i remeneu fins que estigui cobert d'oli. Aboqueu els ous a la paella i inclineu la paella de manera que l'ou cobreixi la superfície. Aixequeu les vores de la truita a mesura que els ous es posen de manera que l'ou cru pugui passar per sota. Cuinar fins que s'acabi de posar, després doblegar per la meitat i servir alhora.

Truita d'ostres

Serveis 4

4 ous

120 ml/4 fl oz/½ tassa de llet

12 ostres amb closca

3 cebes tendra (cebolletes), picades

sal i pebre recent mòlt

30 ml/2 cullerades d'oli de cacauet (cacauet).

50 g/2 oz de carn de porc magra, tallada

50 g/2 oz de bolets, tallats a rodanxes

50 g/2 oz de brots de bambú, tallats a rodanxes

Bateu lleugerament els ous amb la llet, les ostres, la ceba tendra, la sal i el pebre. Escalfeu l'oli i sofregiu la carn de porc fins que estigui lleugerament daurada. Afegiu-hi els bolets i els brots de bambú i sofregiu durant 2 minuts. Aboqueu la barreja d'ou a la paella i cuini, aixecant les vores de la truita a mesura que els ous s'enfonsen perquè l'ou cru pugui passar per sota. Cuini fins que s'acabi de posar i després doblegueu per la meitat, gireu la truita i deixeu-ho coure fins que estigui lleugerament daurada per l'altre costat. Servir alhora.

Truita amb Gambes

Serveis 4

4 ous
15 ml/1 cullerada de vi d'arròs o xerès sec
sal i pebre recent mòlt
30 ml/2 cullerades d'oli de cacauet (cacauet).
1 rodanxa d'arrel de gingebre, picada
225 g/8 oz de gambes pelades

Bateu els ous lleugerament amb el vi o el xerès i amaniu-los amb sal i pebre. Escalfeu l'oli i sofregiu el gingebre fins que estigui lleugerament daurat. Afegiu-hi els llagostins i remeneu-los fins que quedin coberts d'oli. Aboqueu els ous a la paella i inclineu la paella de manera que l'ou cobreixi la superfície. Aixequeu les vores de la truita a mesura que els ous es posen de manera que l'ou cru pugui passar per sota. Cuinar fins que s'acabi de posar, després doblegar per la meitat i servir alhora.

Truita amb Vieiras

Serveis 4

4 ous

5 ml/1 culleradeta de salsa de soja

sal i pebre recent mòlt

30 ml/2 cullerades d'oli de cacauet (cacauet).

3 cebes tendra (cebolletes), picades

225 g/8 oz de vieires, a la meitat

Bateu els ous lleugerament amb la salsa de soja i rectifiqueu-los de sal i pebre. Escalfeu l'oli i sofregiu la ceba tendra fins que estigui lleugerament daurada. Afegiu-hi les vieires i sofregiu-ho durant 3 minuts. Aboqueu els ous a la paella i inclineu la paella de manera que l'ou cobreixi la superfície. Aixequeu les vores de la truita a mesura que els ous es posen de manera que l'ou cru pugui passar per sota. Cuinar fins que s'acabi de posar, després doblegar per la meitat i servir alhora.

Truita amb tofu

Serveis 4

4 ous

sal i pebre recent mòlt

30 ml/2 cullerades d'oli de cacauet (cacauet).

225 g/8 oz de tofu, puré

Bateu els ous lleugerament i rectifiqueu-los de sal i pebre. Escalfeu l'oli, afegiu-hi el tofu i sofregiu-ho fins que s'escalfi. Aboqueu els ous a la paella i inclineu la paella de manera que l'ou cobreixi la superfície. Aixequeu les vores de la truita a mesura que els ous es posen de manera que l'ou cru pugui passar per sota. Cuinar fins que s'acabi de posar, després doblegar per la meitat i servir alhora.

Truita farcida de porc

Serveis 4

50 g/2 oz de brots de soja
60 ml/4 cullerades d'oli de cacauet (cacauet).
225 g/8 oz de carn de porc magra, tallada a daus
3 cebes tendra (cebolletes), picades
1 tija d'api, picada
15 ml/1 cullerada de salsa de soja
5 ml/1 culleradeta de sucre
4 ous, lleugerament batuts
sal

Blanqueu els brots de soja en aigua bullint durant 3 minuts i després escorreu-los bé. Escalfeu la meitat de l'oli i sofregiu la carn de porc fins que estigui lleugerament daurada. Afegiu-hi la ceba tendra i l'api i sofregiu-ho durant 1 minut. Afegiu-hi la salsa de soja i el sucre i sofregiu-ho durant 2 minuts. Retirar de la paella. Salpebreu els ous batuts. Escalfeu l'oli restant i aboqueu els ous a la paella, inclinant la paella perquè l'ou cobreixi la superfície. Aixequeu les vores de la truita a mesura que els ous es posen de manera que l'ou cru pugui passar per sota. Aboqueu el farcit a la meitat de la truita i doblegueu per la meitat. Cuinar fins que s'acabi de posar i servir alhora.

Truita farcida de gambes

Serveis 4

30 ml/2 cullerades d'oli de cacauet (cacauet).
2 tiges d'api, picades
2 cebes tendra (cebolletes), picades
225 g/8 oz de gambes pelades, a la meitat
4 ous, lleugerament batuts
sal

Escalfeu la meitat de l'oli i sofregiu l'api i la ceba fins que es daurin lleugerament. Afegiu les gambes i sofregiu fins que s'escalfi. Retirar de la paella. Salpebreu els ous batuts. Escalfeu l'oli restant i aboqueu els ous a la paella, inclinant la paella perquè l'ou cobreixi la superfície. Aixequeu les vores de la truita a mesura que els ous es posen de manera que l'ou cru pugui passar per sota. Aboqueu el farcit a la meitat de la truita i doblegueu per la meitat. Cuinar fins que s'acabi de posar i servir alhora.

Rolls de truita al vapor amb farcit de pollastre

Serveis 4

4 ous, lleugerament batuts

sal

15 ml/1 cullerada d'oli de cacauet (cacauet).

100 g/4 oz de pollastre cuit, picat

2 rodanxes d'arrel de gingebre, picades

1 ceba, picada

120 ml/4 fl oz/½ tassa de brou de pollastre

15 ml/1 cullerada de vi d'arròs o xerès sec

Bateu els ous i rectifiqueu-los de sal. Escalfeu una mica d'oli i aboqueu-hi una quarta part dels ous, inclinant per repartir la barreja per la paella. Fregiu-ho fins que estigui lleugerament daurat per un costat i simplement poseu-lo i després gireu-lo cap per avall a un plat. Cuini les 4 truites restants. Barrejar el pollastre, el gingebre i la ceba. Aboqueu la barreja a parts iguals entre les truites, enrotlleu-les, fixeu-les amb palets de còctel i disposeu els rotllos en un plat poc profund i apte per al forn. Col·loqueu sobre una reixeta en una vaporera, tapeu i coeu-ho al vapor durant 15 minuts. Transferiu a un plat de servir escalfat i talleu-lo a rodanxes gruixudes. Mentrestant, escalfem el brou i el xerès i rectifiquem de sal. Aboqueu-hi les truites i serviu-les.

Pancakes d'ostres

Serveis 4–6

12 ostres

4 ous, lleugerament batuts

3 cebes tendra (cebolletes), tallades a rodanxes

sal i pebre recent mòlt

6 ml/4 cullerades de farina normal (tot ús).

2,5 ml/½ culleradeta de llevat en pols

45 ml/3 cullerades d'oli de cacauet (cacauet).

Pelar les ostres, reservant 60 ml/4 cullerades de licor, i picar-les gruixut. Barrejar els ous amb les ostres, la ceba tendra, sal i pebre. Barregeu la farina i el llevat en pols, barregeu-ho fins obtenir una pasta amb el licor d'ostres i afegiu-hi la barreja als ous. Escalfeu una mica d'oli i sofregiu cullerades de la massa per fer petites creps. Cuini fins que estigui lleugerament daurat per cada costat i després afegiu una mica més d'oli a la paella i continueu fins que s'hagi utilitzat tota la barreja.

Pancakes de gambes

Serveis 4

50 g/4 oz de gambes pelades, picades
4 ous, lleugerament batuts
75 g/3 oz/amunt ½ tassa de farina normal (tot ús).
sal i pebre recent mòlt
120 ml/4 fl oz/½ tassa de brou de pollastre
2 cebes tendra (cebolletes), picades
30 ml/2 cullerades d'oli de cacauet (cacauet).

Barregeu tots els ingredients menys l'oli. Escalfeu una mica d'oli, aboqueu-hi una quarta part de la massa, inclinant la paella per repartir-la per la base. Cuini fins que estigui lleugerament daurat per la part inferior i després gireu i daureu l'altre costat. Traieu de la paella i continueu cuinant les creps restants.

Ous remenats xinesos

Serveis 4

4 ous, batuts

2 cebes tendra (cebolletes), picades

pessic de sal

5 ml/1 culleradeta de salsa de soja (opcional)

30 ml/2 cullerades d'oli de cacauet (cacauet).

Bateu els ous amb la ceba tendra, la sal i la salsa de soja, si feu servir. Escalfeu l'oli i aboqueu-hi la barreja d'ou. Remeneu suaument amb una forquilla fins que els ous estiguin ben cuidats. Servir alhora.

Ous remenats amb peix

Serveis 4

Filet de peix de 225 g/8 oz
30 ml/2 cullerades d'oli de cacauet (cacauet).
1 rodanxa d'arrel de gingebre, picada
2 cebes tendra (cebolletes), picades
4 ous, lleugerament batuts
sal i pebre recent mòlt

Col·loqueu el peix en un bol apte per al forn i poseu-lo sobre una reixeta en un vapor. Tapeu-ho i coeu-ho al vapor durant uns 20 minuts, després traieu la pell i tritureu la carn. Escalfeu l'oli i sofregiu el gingebre i la ceba tendra fins que estiguin lleugerament daurats. Afegiu el peix i remeneu fins que estigui cobert d'oli. Assaoneu els ous amb sal i pebre i després aboqueu-los a la paella i remeneu-los suaument amb una forquilla fins que els ous estiguin cuits. Servir alhora.

Ous remenats amb bolets

Serveis 4

30 ml/2 cullerades d'oli de cacauet (cacauet).

4 ous, batuts

3 cebes tendra (cebolletes), picades

pessic de sal

5 ml/1 culleradeta de salsa de soja

100 g/4 oz de bolets, tallats a trossos

Escalfeu la meitat de l'oli i sofregiu suaument els xampinyons durant uns minuts fins que s'escalfin i després retireu-los de la paella. Bateu els ous amb la ceba tendra, la sal i la salsa de soja. Escalfeu l'oli restant i aboqueu-hi la barreja d'ou. Remeneu suaument amb una forquilla fins que els ous comencin a cuar, després torneu els bolets a la paella i deixeu-ho coure fins que els ous estiguin ben cuidats. Servir alhora.

Ous remenats amb salsa d'ostres

Serveis 4

4 ous, batuts
3 cebes tendra (cebolletes), picades
sal i pebre recent mòlt
5 ml/1 culleradeta de salsa de soja
30 ml/2 cullerades d'oli de cacauet (cacauet).
15 ml/1 cullerada de salsa d'ostres
100 g/4 oz de pernil cuit, ratllat
2 branquetes de julivert de fulla plana

Bateu els ous amb la ceba tendra, la sal, el pebre i la salsa de soja. Incorporeu-hi la meitat de l'oli. Escalfeu l'oli restant i aboqueu-hi la barreja d'ou. Remeneu suaument amb una forquilla fins que els ous comencin a cuar, a continuació, afegiu-hi la salsa d'ostres i deixeu-ho coure fins que els ous estiguin ben cuidats. Servir guarnit amb el pernil i el julivert.

Ous remenats amb carn de porc

Serveis 4

225 g/8 oz de carn de porc magra, tallada a tires
30 ml/2 cullerades de salsa de soja
30 ml/2 cullerades d'oli de cacauet (cacauet).
2 cebes tendra (cebolletes), picades
4 ous, batuts
pessic de sal
5 ml/1 culleradeta de salsa de soja

Barregeu la carn de porc i la salsa de soja perquè quedi ben coberta. Escalfeu l'oli i sofregiu la carn de porc fins que estigui lleugerament daurada. Afegiu-hi la ceba tendra i sofregiu-ho durant 1 minut. Bateu els ous amb la ceba tendra, la sal i la salsa de soja i després aboqueu la barreja d'ou a la paella. Remeneu suaument amb una forquilla fins que els ous estiguin ben cuidats. Servir alhora.

Ous remenats amb carn de porc i gambes

Serveis 4

100 g/4 oz de carn de porc picada (molida).

225 g/8 oz de gambes pelades

2 cebes tendra (cebolletes), picades

1 rodanxa d'arrel de gingebre, picada

5 ml/1 culleradeta de farina de blat de moro (maicena)

15 ml/1 cullerada de vi d'arròs o xerès sec

15 ml/1 cullerada de salsa de soja

sal i pebre recent mòlt

45 ml/3 cullerades d'oli de cacauet (cacauet).

4 ous, lleugerament batuts

Barregeu la carn de porc, les gambes, la ceba tendra, el gingebre, la farina de blat de moro, el vi o el xerès, la salsa de soja, la sal i el pebre. Escalfeu l'oli i sofregiu la barreja de porc fins que estigui lleugerament daurada. Aboqueu els ous i remeneu-los suaument amb una forquilla fins que els ous estiguin ben cuidats. Servir alhora.

Ous remenats amb espinacs

Serveis 4

45 ml/3 cullerades d'oli de cacauet (cacauet).

225 g/8 oz d'espinacs

4 ous, batuts

2 cebes tendra (cebolletes), picades

pessic de sal

Escalfeu la meitat de l'oli i sofregiu els espinacs durant uns minuts fins que quedi d'un color verd brillant però no es marceixi. Traieu-lo de la paella i piqueu-lo finament. Bateu els ous amb la ceba tendra, la sal i la salsa de soja, si feu servir. Incorporeu-hi els espinacs. Escalfeu l'oli i aboqueu-hi la barreja d'ou. Remeneu suaument amb una forquilla fins que els ous estiguin ben cuidats. Servir alhora.

Ous remenats amb ceba tendra

Serveis 4

4 ous, batuts
8 cebes tendra (cebes vermelles), picades
sal i pebre recent mòlt
5 ml/1 culleradeta de salsa de soja
30 ml/2 cullerades d'oli de cacauet (cacauet).

Bateu els ous amb la ceba tendra, la sal, el pebre i la salsa de soja. Escalfeu l'oli i aboqueu-hi la barreja d'ou. Remeneu suaument amb una forquilla fins que els ous estiguin ben cuidats. Servir alhora.

Ous remenats amb tomàquet

Serveis 4

4 ous, batuts

2 cebes tendra (cebolletes), picades

pessic de sal

30 ml/2 cullerades d'oli de cacauet (cacauet).

3 tomàquets, pelats i picats

Bateu els ous amb la ceba tendra i la sal. Escalfeu l'oli i aboqueu-hi la barreja d'ou. Remeneu suaument fins que els ous comencin a dur, després barregeu-hi els tomàquets i continueu cuinant, remenant, fins que acabi de fer-ho. Servir alhora.

Ous remenats amb verdures

Serveis 4

30 ml/2 cullerades d'oli de cacauet (cacauet).

5 ml/1 culleradeta d'oli de sèsam

1 pebrot verd, tallat a daus

1 gra d'all, picat

100 g/4 oz de mangetout (pèsols de neu), a la meitat

4 ous, batuts

2 cebes tendra (cebolletes), picades

pessic de sal

5 ml/1 culleradeta de salsa de soja

Escalfeu la meitat de l'oli de cacauet (cacauet) amb l'oli de sèsam i sofregiu el pebrot i l'all fins que estiguin lleugerament daurats. Afegiu el mangeout i sofregiu-ho durant 1 minut. Bateu els ous amb la ceba tendra, la sal i la salsa de soja i després aboqueu la barreja a la paella. Remeneu suaument amb una forquilla fins que els ous estiguin ben cuidats. Servir alhora.

Soufflé de pollastre

Serveis 4

100 g/4 oz de pit de pollastre, picat

(terra)

45 ml/3 cullerades de brou de pollastre

2,5 ml/½ culleradeta de sal

4 clares d'ou

75 ml/5 cullerades d'oli de cacauet (cacauet).

Barregeu bé el pollastre, el brou i la sal. Batre les clares a punt de neu i incorporar-les a la barreja. Escalfeu l'oli fins al punt de fumar, afegiu-hi la barreja i remeneu-ho bé, abaixeu el foc i continueu cuinant, remenant suaument, fins que la mescla estigui ferma.

Soufflé de cranc

Serveis 4

100 g/4 oz de carn de cranc, en escates

sal

15 ml/1 cullerada de farina de blat de moro (maizena)

120 ml/4 fl oz/½ tassa de llet

4 clares d'ou

75 ml/5 cullerades d'oli de cacauet (cacauet).

Barregeu la carn de cranc, la sal, la farina de blat de moro i barregeu-ho bé. Bateu les clares fins que estiguin rígides i després incorporau-les a la barreja. Escalfeu l'oli fins al punt de fumar, afegiu-hi la barreja i remeneu-ho bé, abaixeu el foc i continueu cuinant, remenant suaument, fins que la mescla estigui ferma.

Soufflé de cranc i gingebre

Serveis 4

75 ml/5 cullerades d'oli de cacauet (cacauet).
2 rodanxes d'arrel de gingebre, picades
1 ceba tendra (ceba), picada
100 g/4 oz de carn de cranc, en escates
sal
15 ml/1 cullerada de vi d'arròs o xerès sec
120 ml/4 ft oz/k tassa de llet
60 ml/4 cullerades de brou de pollastre
15 ml/2 cullerades de farina de blat de moro (maizena)
4 clares d'ou
5 ml/1 culleradeta d'oli de sèsam

Escalfeu la meitat de l'oli i sofregiu el gingebre i la ceba fins que estiguin toves. Incorporeu-hi la carn de cranc i la sal, retireu-ho del foc i deixeu-ho refredar una mica. Barregeu el vi o el xerès, la llet, el brou i la farina de blat de moro i afegiu-ho a la barreja de carn de cranc. Bateu les clares fins que estiguin rígides i després incorporau-les a la barreja. Escalfeu l'oli restant fins al punt de fumar, afegiu-hi la barreja i remeneu-ho bé, després baixeu el foc i continueu cuinant, remenant suaument, fins que la mescla estigui ferma.

Soufflé de peix

Serveis 4

3 ous, separats
5 ml/1 culleradeta de salsa de soja
5 ml/1 culleradeta de sucre
sal i pebre recent mòlt
450 g/1 lb de filets de peix
45 ml/3 cullerades d'oli de cacauet (cacauet).

Barrejar els rovells d'ou amb la salsa de soja, el sucre, la sal i el pebre. Talleu el peix a trossos grans. Submergeix el peix a la barreja fins que estigui ben cobert. Escalfeu l'oli i fregiu el peix fins que estigui lleugerament daurat per la part inferior. Mentrestant, batem les clares fins que estiguin rígides. Donar la volta al peix i posar la clara d'ou a la part superior del peix. Cuini durant 2 minuts fins que la part inferior estigui lleugerament daurada i després torneu-hi a coure i deixeu-ho coure 1 minut més fins que la clara estigui ben daurada. Servir amb salsa de tomàquet.

Soufflé de gambes

Serveis 4

225 g/8 oz de gambes pelades, picades
1 rodanxa d'arrel de gingebre, picada
15 ml/1 cullerada de vi d'arròs o xerès sec
15 ml/1 cullerada de salsa de soja
sal i pebre recent mòlt
4 clares d'ou
45 ml/3 cullerades d'oli de cacauet (cacauet).

Barregeu les gambes, el gingebre, el vi o el xerès, la salsa de soja, la sal i el pebre. Bateu les clares fins que estiguin rígides i després incorporau-les a la barreja. Escalfeu l'oli fins al punt de fumar, afegiu-hi la barreja i remeneu-ho bé, abaixeu el foc i continueu cuinant, remenant suaument, fins que la mescla estigui ferma.

Soufflé de gambes amb brots de soja

Serveis 4

100 g/4 oz de brots de soja
100 g/4 oz de gambes pelades, tallades a trossos
2 cebes tendra (cebolletes), picades
5 ml/1 culleradeta de farina de blat de moro (maicena)
15 ml/1 cullerada de vi d'arròs o xerès sec
120 ml/4 fl oz/½ tassa de brou de pollastre
sal
4 clares d'ou
45 ml/3 cullerades d'oli de cacauet (cacauet).

Blanqueu els brots de soja en aigua bullint durant 2 minuts i després escorreu-los i manteniu-los calents. Mentrestant, barregeu els llagostins, la ceba, la farina de blat de moro, el vi o el xerès i el brou i rectifiqueu-ho de sal. Bateu les clares fins que estiguin rígides i després incorporau-les a la barreja. Escalfeu l'oli fins al punt de fumar, afegiu-hi la barreja i remeneu-ho bé, abaixeu el foc i continueu cuinant, remenant suaument, fins que la mescla estigui ferma. Col·loqueu-lo en un plat de servir escalfat i a sobre amb els brots de soja.

Soufflé de verdures

Serveis 4

5 ous, separats
3 patates, ratllades
1 ceba petita, picada finament
15 ml/1 cullerada de julivert fresc picat
5 ml/1 culleradeta de salsa de soja
sal i pebre recent mòlt

Bateu les clares fins que estiguin rígides. Bateu els rovells d'ou fins que estiguin pàl·lids i espès, afegiu-hi les patates, la ceba, el julivert i la salsa de soja i remeneu-ho bé.

Incorporeu-hi les clares. Aboqueu-lo en un plat de suflé untat i coure al forn preescalfat a 180 °C/350 °F/gas marca 4 durant uns 40 minuts.

Ou Foo Yung

Serveis 4

4 ous, lleugerament batuts

sal

100 g/4 oz de pollastre cuit, picat

1 ceba, picada

2 tiges d'api, picades

50 g/2 oz de bolets, picats

30 ml/2 cullerades d'oli de cacauet (cacauet).

salsa d'ou foo yung

Barrejar els ous, la sal, el pollastre, la ceba, l'api i els bolets. Escalfeu una mica d'oli i aboqueu una quarta part de la barreja a la paella. Fregiu fins que la part inferior estigui lleugerament daurada i després gireu i daureu l'altre costat. Serviu amb salsa d'ou foo yung.

Ou fregit Foo Yung

Serveis 4

4 ous, lleugerament batuts
5 ml/1 culleradeta de sal
100 g/4 oz de pernil fumat, picat
100 g/4 oz de bolets, picats
15 ml/1 cullerada de salsa de soja
oli per fregir

Barrejar els ous amb la sal, el pernil, els bolets i la salsa de soja. Escalfeu l'oli i aboqueu amb cura cullerades de la barreja a l'oli. Cuinar fins que pugin a la superfície donar-los la volta fins que estiguin daurats pels dos costats. Traieu de l'oli i escorreu-ho mentre cuineu les creps restants.

Cranc Foo Yung amb bolets

Serveis 4

6 ous, batuts

45 ml/3 cullerades de farina de blat de moro (maizena)

100 g/4 oz de carn de cranc

100 g/4 oz de bolets, tallats a daus

100 g/4 oz de pèsols congelats

2 cebes tendra (cebolletes), picades

5 ml/1 culleradeta de sal

45 ml/3 cullerades d'oli de cacauet (cacauet).

Bateu els ous i després bateu-hi la farina de blat de moro. Afegiu tots els ingredients restants excepte l'oli. Escalfeu una mica d'oli i aboqueu la barreja a la paella poc a poc per fer creps petites d'uns 7,5 cm/3 polzades. Fregir fins que el fons estigui lleugerament daurat i després girar i daurar l'altre costat. Continueu fins que hàgiu utilitzat tota la barreja.

Ou de pernil Foo Yung

Serveis 4

60 ml/4 cullerades d'oli de cacauet (cacauet).
50 g/2 oz de brots de bambú, tallats a daus
50 g/2 oz de castanyes d'aigua, tallades a daus
2 cebes tendra (cebolletes), picades
2 tiges d'api, tallades a daus
50 g/2 oz de pernil fumat, tallat a daus
15 ml/1 cullerada de salsa de soja
2,5 ml/½ culleradeta de sucre
2,5 ml/½ culleradeta de sal
4 ous, lleugerament batuts

Escalfeu la meitat de l'oli i sofregiu els brots de bambú, les castanyes d'aigua, la ceba tendra i l'api durant uns 2 minuts. Incorporeu-hi el pernil, la salsa de soja, el sucre i la sal, retireu-ho de la paella i deixeu-ho refredar una mica. Incorporeu la barreja als ous batuts. Escalfeu una mica de l'oli restant i aboqueu la barreja a la paella poc a poc per fer creps petites d'uns 7,5 cm/3 polzades. Fregir fins que el fons estigui lleugerament daurat i després girar i daurar l'altre costat. Continueu fins que hàgiu utilitzat tota la barreja.

Ou de porc rostit Foo Yung

Serveis 4

4 bolets xinesos secs
60 ml/3 cullerades d'oli de cacauet (cacauet).
100 g/4 oz de carn de porc rostida, tallada
100 g/4 oz de col xinesa, triturada
50 g/2 oz de brots de bambú, tallats a rodanxes
50 g/2 oz de castanyes d'aigua, a rodanxes
4 ous, lleugerament batuts
sal i pebre recent mòlt

Remullar els bolets en aigua tèbia durant 30 minuts i després escórrer. Descartar les tiges i tallar els taps. Escalfeu 30 ml/2 cullerades d'oli i sofregiu els bolets, la carn de porc, la col, els brots de bambú i les castanyes d'aigua durant 3 minuts. Retireu-les de la paella i deixeu-les refredar una mica, després barregeu-les amb els ous i rectifiqueu-les de sal i pebre. Escalfeu una mica de l'oli restant i aboqueu la barreja a la paella poc a poc per fer creps petites d'uns 7,5 cm/3 polzades. Fregir fins que el fons estigui lleugerament daurat i després girar i daurar l'altre costat. Continueu fins que hàgiu utilitzat tota la barreja.

Ou de porc i gambes Foo Yung

Serveis 4

45 ml/3 cullerades d'oli de cacauet (cacauet).
100 g/4 oz de carn de porc magra, tallada a tires
1 ceba, picada
225 g/8 oz de gambes pelades, tallades a tires
50 g/2 oz de col xinesa, triturada
4 ous, lleugerament batuts
sal i pebre recent mòlt

Escalfeu 30 ml/2 cullerades d'oli i sofregiu la carn de porc i la ceba fins que estiguin lleugerament daurades. Afegiu-hi els llagostins i sofregiu-ho fins que estiguin coberts d'oli i després afegiu-hi la col, remeneu-ho bé, tapeu i deixeu-ho coure a foc lent durant 3 minuts. Retirar de la paella i deixar refredar una mica. Afegiu la barreja de carn als ous i rectifiqueu de sal i pebre. Escalfeu una mica de l'oli restant i aboqueu la barreja a la paella poc a poc per fer creps petites d'uns 7,5 cm/3 polzades. Fregir fins que el fons estigui lleugerament daurat i després girar i daurar l'altre costat. Continueu fins que hàgiu utilitzat tota la barreja.

Arròs blanc

Serveis 4

225 g/8 oz/1 tassa d'arròs de gra llarg
15 ml/1 cullerada d'oli
750 ml/1¼ pts/3 tasses d'aigua

Rentar l'arròs i posar-lo en una cassola. Afegiu l'aigua a l'oli i afegiu-lo a la paella de manera que quedi uns 2,5 cm per sobre de l'arròs. Portar a ebullició, tapar amb una tapa hermètica, reduir el foc i coure a foc lent durant 20 minuts.

Arròs integral bullit

Serveis 4

225 g/8 oz/1 tussa d'arròs integral de gra llarg
5 ml/1 culleradeta de sal
900 ml/1½ pts/3¾ tasses d'aigua

Rentar l'arròs i posar-lo en una cassola. Afegiu-hi la sal i l'aigua perquè quedi uns 3 cm per sobre de l'arròs. Portar a ebullició, tapar amb una tapa hermètica, reduir el foc i coure a foc lent durant 30 minuts, procurant que no bulli sec.

Arròs amb vedella

Serveis 4

225 g/8 oz/1 tassa d'arròs de gra llarg

100 g/4 oz de vedella picada (molida).

1 rodanxa d'arrel de gingebre, picada

15 ml/1 cullerada de salsa de soja

15 ml/1 cullerada de vi d'arròs o xerès sec

5 ml/1 culleradeta d'oli de cacauet (cacauet).

2,5 ml/½ culleradeta de sucre

2,5 ml/½ culleradeta de sal

Posar l'arròs en una cassola gran i portar a ebullició. Tapeu i deixeu coure a foc lent durant uns 10 minuts fins que la major part del líquid s'hagi absorbit. Barregeu la resta d'ingredients, col·loqueu-los a sobre de l'arròs, tapeu i deixeu-ho coure durant 20 minuts més a foc lent fins que estigui cuit. Remeneu els ingredients abans de servir.

Arròs de fetge de pollastre

Serveis 4

225 g/8 oz/1 tassa d'arròs de gra llarg
375 ml/13 fl oz/1½ tasses de brou de pollastre
sal
2 fetges de pollastre cuits, a rodanxes fines

Posar l'arròs i el brou en una cassola gran i portar a ebullició. Tapeu i deixeu coure a foc lent uns 10 minuts fins que l'arròs estigui gairebé tendre. Traieu la tapa i continueu cuinant a foc lent fins que la major part del brou s'hagi absorbit. Salpebreu al gust, afegiu-hi els fetges de pollastre i escalfeu-los suaument abans de servir.

Arròs de pollastre i bolets

Serveis 4

225 g/8 oz/1 tassa d'arròs de gra llarg
100 g/4 oz de carn de pollastre, triturada
100 g/4 oz de bolets, tallats a daus
5 ml/1 culleradeta de farina de blat de moro (maicena)
5 ml/1 culleradeta de salsa de soja
5 ml/1 culleradeta de vi d'arròs o xerès sec
pessic de sal
15 ml/1 cullerada de ceba tendra picada
15 ml/1 cullerada de salsa d'ostres

Posar l'arròs en una cassola gran i portar a ebullició. Tapeu i deixeu coure a foc lent durant uns 10 minuts fins que la major part del líquid s'hagi absorbit. Barregeu tots els ingredients restants, excepte la ceba tendra i la salsa d'ostres, col·loqueu-los per sobre de l'arròs, tapeu-ho i deixeu-ho coure durant 20 minuts més a foc lent fins que estigui cuit. Remeneu els ingredients i espolvoreu amb ceba tendra i salsa d'ostres abans de servir.

Arròs de coco

Serveis 4

225 g/8 oz/1 tassa d'arròs amb aroma tailandès
1 l/1¾ pts/4¼ tasses de llet de coco
150 ml/¼ pt/generosa ½ tassa de crema de coco
1 branca de coriandre, picat
pessic de sal

Portar a ebullició tots els ingredients en una cassola, tapar i deixar que l'arròs s'infle a foc suau durant uns 25 minuts, remenant de tant en tant.

Arròs de carn de cranc

Serveis 4

225 g/8 oz/1 tassa d'arròs de gra llarg
100 g/4 oz de carn de cranc, en escates
2 rodanxes d'arrel de gingebre, picades
15 ml/1 cullerada de salsa de soja
15 ml/1 cullerada de vi d'arròs o xerès sec
5 ml/1 culleradeta d'oli de cacauet (cacauet).
5 ml/1 culleradeta de farina de blat de moro (maicena)
sal i pebre recent mòlt

Posar l'arròs en una cassola gran i portar a ebullició. Tapeu i deixeu coure a foc lent durant uns 10 minuts fins que la major part del líquid s'hagi absorbit. Barregeu la resta d'ingredients, col·loqueu-los a sobre de l'arròs, tapeu i deixeu-ho coure durant 20 minuts més a foc lent fins que estigui cuit. Remeneu els ingredients abans de servir.

Arròs amb pèsols

Serveis 4

225 g/8 oz/1 tassa d'arròs de gra llarg
350 g/12 oz de pèsols
30 ml/2 cullerades de salsa de soja

Posar l'arròs i el brou en una cassola gran i portar a ebullició. Afegiu els pèsols, tapeu i deixeu-ho coure a foc lent uns 20 minuts fins que l'arròs estigui gairebé tendre. Traieu la tapa i continueu cuinant a foc lent fins que la major part del líquid s'hagi absorbit. Tapeu i deixeu reposar 5 minuts del foc i després serviu-ho espolvorat amb salsa de soja.

Arròs de Pebre

Serveis 4

225 g/8 oz/1 tassa d'arròs de gra llarg
2 cebes tendres (cebes), picades
1 pebrot vermell, tallat a daus
45 ml/3 cullerades de salsa de soja
30 ml/2 cullerades d'oli de cacauet (cacauet).
5 ml/1 culleradeta de sucre

Posar l'arròs en una cassola, cobrir amb aigua freda, portar a ebullició, tapar i coure a foc lent uns 20 minuts fins que estigui tendre. Escorreu bé i afegiu-hi les cebes tendra, el pebre, la salsa de soja, l'oli i el sucre. Transferiu-lo a un bol calent i serviu-ho alhora.

Arròs d'ou poché

Serveis 4

225 g/8 oz/1 tassa d'arròs de gra llarg

4 ous

15 ml/1 cullerada de salsa d'ostres

Posar l'arròs en una cassola, cobrir amb aigua freda, portar a ebullició, tapar i coure a foc lent uns 10 minuts fins que estigui tendre. Escorreu i poseu-ho en un plat de servir escalfat. Mentrestant, poseu a bullir una cassola amb aigua, poseu-hi els ous amb compte i escalfeu-los uns minuts fins que les clares estiguin ben cuajades però els ous encara estiguin humits. Traieu-lo de la paella amb una cullera ranurada i poseu-ho a sobre de l'arròs. Servir esquitxat amb salsa d'ostres.

Arròs a l'estil de Singapur

Serveis 4

225 g/8 oz/1 tassa d'arròs de gra llarg
5 ml/1 culleradeta de sal
1,2 l/2 pts/5 tasses d'aigua

Rentar l'arròs i posar-lo en una cassola amb la sal i l'aigua. Porta a ebullició i després redueix el foc i deixa coure a foc lent durant uns 15 minuts fins que l'arròs estigui tendre. Escórrer en un colador i esbandida amb aigua calenta abans de servir.

Arròs de vaixell lent

Serveis 4

225 g/8 oz/1 tassa d'arròs de gra llarg
5 ml/1 cullerada de sal
15 ml/1 cullerada d'oli
750 ml/1¼ pts/3 tasses d'aigua

Rentar l'arròs i posar-lo en una safata apta per al forn amb la sal, l'oli i l'aigua. Cobrir i coure al forn preescalfat a 120 °C/250 °F/marca de gas ½ durant aproximadament 1 hora fins que s'hagi absorbit tota l'aigua.

Arròs al vapor al forn

Serveis 4

225 g/8 oz/1 tassa d'arròs de gra llarg

5 ml/1 cullaradeta de sal

450 ml/¾ pt/2 tasses d'aigua

Posar l'arròs, la sal i l'aigua en una cassola, tapar i coure al forn preescalfat a 180 °C/350 °F/gas marca 4 durant uns 30 minuts.

Arròs fregit

Serveis 4

225 g/8 oz/1 tassa d'arròs de gra llarg

750 ml/1 ¼ pts/3 tasses d'aigua

30 ml/2 cullerades d'oli de cacauet (cacauet).

1 ou, batut

2 grans d'all, triturats

pessic de sal

1 ceba, picada finament

3 cebes tendra (cebolletes), picades

2,5 ml/½ culleradeta de melassa negra

Posar l'arròs i l'aigua en una cassola, portar a ebullició, tapar i coure a foc lent uns 20 minuts fins que l'arròs estigui cuit. Escorreu bé. Escalfeu 5 ml/1 cullerada d'oli i aboqueu-hi l'ou. Cuini fins que quedi a la base i després gireu i continueu cuinant fins que quedi. Retirar de la paella i tallar a tires. Afegiu l'oli restant a la paella amb els alls i la sal i fregiu-los fins que els alls estiguin daurats. Afegir la ceba i l'arròs i sofregir durant 2 minuts. Afegiu-hi la ceba tendra i sofregiu-ho durant 2 minuts. Incorporeu-hi la melassa negra fins que l'arròs estigui cobert, afegiu-hi les tires d'ou i serviu.

Arròs Fregit amb Ametlla

Serveis 4

250 ml/8 fl oz/1 tassa d'oli de cacauet (cacauet).

50 g/2 oz/½ tassa d'ametlles en escates

4 ous, batuts

450 g/1 lb/3 tasses d'arròs de gra llarg cuit

5 ml/1 culleradeta de sal

3 llesques de pernil cuit, tallades a tires

2 escalunyes, ben picades

15 ml/1 cullerada de salsa de soja

Escalfeu l'oli i sofregiu les ametlles fins que estiguin daurades. Retirar de la paella i escórrer sobre paper de cuina. Aboqueu la major part de l'oli de la paella i torneu a escalfar i aboqueu-hi els ous, remenant contínuament. Afegiu l'arròs i la sal i deixeu-ho coure durant 5 minuts, aixecant i remenant ràpidament perquè els grans d'arròs quedin coberts amb l'ou. Incorporeu-hi el pernil, les escalunyes i la salsa de soja i deixeu-ho coure 2 minuts més. Incorporeu la majoria de les ametlles i serviu-les decorades amb la resta d'ametlles.

Arròs Fregit amb Cansalada i Ou

Serveis 4

45 ml/3 cullerades d'oli de cacauet (cacauet).

225 g/8 oz de cansalada, picada

1 ceba, picada finament

3 ous, batuts

225 g/8 oz d'arròs de gra llarg cuit

Escalfeu l'oli i sofregiu la cansalada i la ceba fins que estiguin lleugerament daurades. Afegiu els ous i sofregiu fins que els ous estiguin gairebé cuits. Afegiu l'arròs i sofregiu fins que l'arròs s'escalfi.

Arròs Fregit de vedella

Serveis 4

225 g/8 oz de vedella magra, tallada a tires
15 ml/1 cullerada de farina de blat de moro (maizena)
15 ml/1 cullerada de salsa de soja
15 ml/1 cullerada de vi d'arròs o xerès sec
5 ml/1 culleradeta de sucre
75 ml/5 cullerades d'oli de cacauet (cacauet).
1 ceba, picada
450 g/1 lb/3 tasses d'arròs de gra llarg cuit
45 ml/3 cullerades de brou de pollastre

Barregeu la vedella amb la farina de blat de moro, la salsa de soja, el vi o xerès i el sucre. Escalfeu la meitat de l'oli i sofregiu la ceba fins que estigui translúcida. Afegiu-hi la vedella i sofregiu-ho durant 2 minuts. Retirar de la paella. Escalfeu l'oli restant, afegiu-hi l'arròs i sofregiu durant 2 minuts. Afegiu-hi el brou i escalfeu-ho. Afegiu la meitat de la barreja de vedella i ceba i remeneu-ho fins que estigui calent, després transferiu-lo a un plat de servir escalfat i a sobre amb la carn i les cebes restants.

Arròs Fregit amb vedella picada

Serveis 4

30 ml/2 cullerades d'oli de cacauet (cacauet).

1 gra d'all, triturat

pessic de sal

30 ml/2 cullerades de salsa de soja

30 ml/2 cullerades de salsa hoisin

450 g/1 lb de vedella picada (molida).

1 ceba, tallada a daus

1 pastanaga, tallada a daus

1 porro, tallat a daus

450 g/1 lb d'arròs de gra llarg cuit

Escalfeu l'oli i sofregiu l'all i la sal fins que estigui lleugerament daurat. Afegiu les salses de soja i hoisin i remeneu fins que s'escalfi. Afegiu la carn de vedella i fregiu-la fins que estigui daurada i esmicolada. Afegiu-hi les verdures i fregiu-les fins que estiguin tendres, remenant sovint. Afegiu-hi l'arròs i fregiu-ho, sense parar de remenar, fins que s'escalfi i s'hi cobreixi les salses.

Arròs Fregit amb vedella i ceba

Serveis 4

450 g/1 lb de vedella magra, tallada a rodanxes fines
45 ml/3 cullerades de salsa de soja
15 ml/1 cullerada de vi d'arròs o xerès sec
sal i pebre recent mòlt
15 ml/1 cullerada de farina de blat de moro (maizena)
45 ml/3 cullerades d'oli de cacauet (cacauet).
1 ceba, picada
225 g/8 oz d'arròs de gra llarg cuit

Marinar la vedella amb la salsa de soja, vi o xerès, sal, pebre i farina de blat de moro durant 15 minuts. Escalfeu l'oli i sofregiu la ceba fins que estigui lleugerament daurada. Afegiu la vedella i la marinada i sofregiu-ho durant 3 minuts. Afegiu l'arròs i sofregiu fins que s'escalfi.

Arròs Fregit amb Pollastre

Serveis 4

225 g/8 oz/1 tassa d'arròs de gra llarg

750 ml/1¼ pts/3 tasses d'aigua

30 ml/2 cullerades d'oli de cacauet (cacauet).

2 grans d'all, triturats

pessic de sal

1 ceba, picada finament

3 cebes tendra (cebolletes), picades

100 g/4 oz de pollastre cuit, triturat

15 ml/1 cullerada de salsa de soja

Posar l'arròs i l'aigua en una cassola, portar a ebullició, tapar i coure a foc lent uns 20 minuts fins que l'arròs estigui cuit. Escorreu bé. Escalfeu l'oli i sofregiu els alls i la sal fins que els alls estiguin daurats. Afegir la ceba i sofregir durant 1 minut. Afegir l'arròs i sofregir durant 2 minuts. Afegiu la ceba tendra i el pollastre i sofregiu-ho durant 2 minuts. Incorporeu-hi la salsa de soja fins que l'arròs estigui cobert.

Arròs Fregit amb Ànec

Serveis 4

4 bolets xinesos secs
45 ml/3 cullerades d'oli de cacauet (cacauet).
2 cebes tendra (cebes), tallades a rodanxes
225 g/8 oz de col xinesa, triturada
100 g/4 oz d'ànec cuit, triturat
45 ml/3 cullerades de salsa de soja
15 ml/1 cullerada de vi d'arròs o xerès sec
350 g/12 oz d'arròs de gra llarg cuit
45 ml/3 cullerades de brou de pollastre

Remullar els bolets en aigua tèbia durant 30 minuts i després escórrer. Descartar les tiges i tallar els taps. Escalfeu la meitat de l'oli i sofregiu la ceba tendra fins que estigui translúcida. Afegiu-hi la col xinesa i sofregiu-ho durant 1 minut. Afegiu l'ànec, la salsa de soja i el vi o el xerès i sofregiu durant 3 minuts. Retirar de la paella. Escalfeu l'oli restant i sofregiu l'arròs fins que estigui cobert d'oli. Afegiu-hi el fumet, deixeu-ho bullir i sofregiu-ho durant 2 minuts. Torneu la barreja d'ànec a la paella i remeneu fins que s'escalfi abans de servir.

Arròs Fregit Pernil

Serveis 4

30 ml/2 cullerades d'oli de cacauet (cacauet).
1 ou, batut
1 gra d'all, triturat
350 g/12 oz d'arròs de gra llarg cuit
1 ceba, picada finament
1 pebrot verd, picat
100 g/4 oz de pernil, picat
50 g/2 oz de castanyes d'aigua, a rodanxes
50 g/2 oz de brots de bambú, picats
15 ml/1 cullerada de salsa de soja
15 ml/1 cullerada de vi d'arròs o xerès sec
15 ml/1 cullerada de salsa d'ostres

Escalfeu una mica d'oli en una paella i afegiu-hi l'ou, inclinant la paella perquè s'escampi per la paella. Cuini fins que la part inferior estigui lleugerament daurada, després gireu-la i cuini l'altra cara. Traieu-lo de la paella i talleu-lo i sofregiu els alls fins que estiguin lleugerament daurats. Afegiu l'arròs, la ceba i el pebrot i sofregiu durant 3 minuts. Afegim el pernil, les castanyes d'aigua i els brots de bambú i sofregim durant 5 minuts. Afegiu-hi els ingredients restants i sofregiu-ho durant uns 4 minuts. Serviu esquitxat amb les tires d'ou.

Arròs de pernil fumat amb brou

Serveis 4

30 ml/2 cullerades d'oli de cacauet (cacauet).
3 ous, batuts
350 g/12 oz d'arròs de gra llarg cuit
600 ml/1 pt/2½ tasses de brou de pollastre
100 g/4 oz de pernil fumat, ratllat
100 g/4 oz de brots de bambú, tallats a rodanxes

Escalfeu l'oli i aboqueu-hi els ous. Quan comencin a fraguar, afegir l'arròs i sofregir durant 2 minuts. Afegiu el brou i el pernil i deixeu-ho bullir. Cuini a foc lent durant 2 minuts, després afegiu-hi els brots de bambú i serviu.

Arròs Fregit De Porc

Serveis 4

45 ml/3 cullerades d'oli de cacauet (cacauet).
3 cebes tendra (cebolletes), picades
100 g/4 oz de carn de porc rostida, tallada a daus
350 g/12 oz d'arròs de gra llarg cuit
30 ml/2 cullerades de salsa de soja
2,5 ml/½ culleradeta de sal
2 ous, batuts

Escalfeu l'oli i sofregiu la ceba tendra fins que estigui translúcida. Afegiu-hi la carn de porc i remeneu-ho fins que estigui cobert d'oli. Afegiu l'arròs, la salsa de soja i la sal i sofregiu durant 3 minuts. Afegiu els ous i incorporeu-los fins que comencin a fraguar.

Arròs fregit de porc i gambes

Serveis 4

45 ml/3 cullerades d'oli de cacauet (cacauet).

2,5 ml/½ culleradeta de sal

2 cebes tendra (cebolletes), picades

350 g/12 oz d'arròs de gra llarg cuit

100 g/4 oz de carn de porc rostida

225 g/8 oz de gambes pelades

50 g/2 oz de fulles xineses, triturades

45 ml/3 cullerades de salsa de soja

Escalfeu l'oli i sofregiu la sal i la ceba tendra fins que estiguin lleugerament daurades. Afegiu l'arròs i sofregiu per trencar els grans. Afegiu la carn de porc i sofregiu durant 2 minuts. Afegiu les gambes, les fulles xineses i la salsa de soja i sofregiu-ho fins que s'escalfi.

Arròs Fregit amb Gambes

Serveis 4

225 g/8 oz/1 tassa d'arròs de gra llarg

750 ml/1 ¼ pts/3 tasses d'aigua

30 ml/2 cullerades d'oli de cacauet (cacauet).

2 grans d'all, triturats

pessic de sal

1 ceba, picada finament

225 g/8 oz de gambes pelades

5 ml/1 culleradeta de salsa de soja

Posar l'arròs i l'aigua en una cassola, portar a ebullició, tapar i coure a foc lent uns 20 minuts fins que l'arròs estigui cuit. Escorreu bé. Escalfeu l'oli amb l'all i la sal i sofregiu fins que els alls estiguin daurats. Afegir l'arròs i la ceba i sofregir durant 2 minuts. Afegim les gambes i sofregim durant 2 minuts. Afegiu-hi la salsa de soja abans de servir.

Arròs Fregit i Pèsols

Serveis 4

30 ml/2 cullerades d'oli de cacauet (cacauet).
2 grans d'all, triturats
5 ml/1 culleradeta de sal
350 g/12 oz d'arròs de gra llarg cuit
225 g/8 oz de pèsols blanquejats o congelats, descongelats
4 cebes tendra (cebolletes), tallades finament
30 ml/2 cullerades de julivert fresc picat finament

Escalfeu l'oli i sofregiu l'all i la sal fins que estigui lleugerament daurat. Afegir l'arròs i sofregir durant 2 minuts. Afegiu-hi els pèsols, la ceba i el julivert i sofregiu-los uns minuts fins que s'escalfi. Serviu calent o fred.

Arròs Fregit amb Salmó

Serveis 4

30 ml/2 cullerades d'oli de cacauet (cacauet).
2 grans d'all, picats
2 cebes tendra (cebes), tallades a rodanxes
50 g/2 oz de salmó, picat
75 g/3 oz d'espinacs, picats
150 g/5 oz d'arròs de gra llarg cuit

Escalfeu l'oli i sofregiu l'all i la ceba tendra durant 30 segons. Afegiu el salmó i sofregiu-ho durant 1 minut. Afegir els espinacs i sofregir durant 1 minut. Afegiu l'arròs i sofregiu fins que s'escalfi i estigui ben barrejat.

Arròs Fregit Especial

Serveis 4

60 ml/4 cullerades d'oli de cacauet (cacauet).

1 ceba, picada finament

100 g/4 oz de cansalada, picada

50 g/2 oz de pernil, picat

50 g/2 oz de pollastre cuit, triturat

50 g/2 oz de gambes pelades

60 ml/4 cullerades de salsa de soja

30 ml/2 cullerades de vi d'arròs o xerès sec

sal i pebre recent mòlt

15 ml/1 cullerada de farina de blat de moro (maizena)

225 g/8 oz d'arròs de gra llarg cuit

2 ous, batuts

100 g/4 oz de bolets, tallats a rodanxes

50 g/2 oz de pèsols congelats

Escalfeu l'oli i sofregiu la ceba i la cansalada fins que estiguin lleugerament daurades. Afegir el pernil i el pollastre i sofregir durant 2 minuts. Afegiu-hi les gambes, la salsa de soja, el vi o xerès, la sal, el pebre i la farina de blat de moro i sofregiu durant 2 minuts. Afegir l'arròs i sofregir durant 2 minuts. Afegim els ous, els bolets i els pèsols i sofregim durant 2 minuts fins que estiguin calents.

Deu arròs preciosos

Serveis 6–8

45 ml/3 cullerades d'oli de cacauet (cacauet).
1 ceba tendra (ceba), picada
100 g/4 oz de carn de porc magra, tallada
1 pit de pollastre, ratllat
100 g/4 oz de pernil, ratllat
30 ml/2 cullerades de salsa de soja
30 ml/2 cullerades de vi d'arròs o xerès sec
5 ml/1 culleradeta de sal
350 g/12 oz d'arròs de gra llarg cuit
250 ml/8 fl oz/1 tassa de brou de pollastre
100 g/4 oz de brots de bambú, tallats a tires
50 g/2 oz de castanyes d'aigua, a rodanxes

Escalfeu l'oli i sofregiu la ceba tendra fins que estigui translúcida. Afegiu la carn de porc i sofregiu durant 2 minuts. Afegir el pollastre i el pernil i sofregir durant 2 minuts. Incorporeu-hi la salsa de soja, el xerès i la sal. Incorporeu l'arròs i el brou i deixeu-ho bullir. Afegiu-hi els brots de bambú i les castanyes d'aigua, tapeu i deixeu-ho coure a foc lent durant 30 minuts.

Arròs de tonyina fregida

Serveis 4

30 ml/2 cullerades d'oli de cacauet (cacauet).
2 cebes, tallades a rodanxes
1 pebrot verd, picat
450 g/1 lb/3 tasses d'arròs de gra llarg cuit
sal
3 ous, batuts
300 g/12 oz de tonyina en conserva, en escates
30 ml/2 cullerades de salsa de soja
2 escalunyes, ben picades

Escalfeu l'oli i sofregiu les cebes fins que estiguin toves. Afegiu-hi el pebrot i fregiu-ho durant 1 minut. Empènyer cap a un costat de la paella. Afegiu l'arròs, salpebreu i sofregiu durant 2 minuts, incorporant-hi el pebrot i la ceba a poc a poc. Feu un pou al centre de l'arròs, aboqueu-hi una mica més d'oli i aboqueu-hi els ous. Remeneu fins que estigui gairebé remenat i barregeu-ho amb l'arròs. Cuini durant 3 minuts més. Afegiu-hi la tonyina i la salsa de soja i escalfeu-ho bé. Serviu esquitxat amb les escalunyes picades.

Fideus d'ou cuit

Serveis 4

10 ml/2 culleradeta de sal
450 g/1 lb de fideus d'ou
30 ml/2 cullerades d'oli de cacauet (cacauet).

Porteu una cassola amb aigua a ebullició, afegiu-hi la sal i tireu-hi els fideus. Tornar a bullir i bullir durant uns 10 minuts fins que estigui tendre però encara ferm. Escórrer bé, esbandir amb aigua freda, escórrer i després esbandir amb aigua calenta. Remeneu-ho amb l'oli abans de servir.

Fideus d'ou al vapor

Serveis 4

10 ml/2 culleradeta de sal
450 g/1 lb de fideus prims d'ou

Porta a ebullició una cassola d'aigua, afegim la sal i tirem els fideus. Remenar bé i després escórrer. Col·loqueu els fideus en un colador, poseu-los en un vapor i cuini al vapor sobre aigua bullint durant uns 20 minuts fins que estiguin tendres.

Fideus Llançats

Serveis 8

10 ml/2 culleradeta de sal
450 g/1 lb de fideus d'ou
30 ml/2 cullerades d'oli de cacauet (cacauet).
plat sofregit

Porta a ebullició una cassola d'aigua, afegim la sal i tirem els fideus. Tornar a bullir i bullir durant uns 10 minuts fins que estigui tendre però encara ferm. Escórrer bé, esbandir amb aigua freda, escórrer i després esbandir amb aigua calenta. Remeneu-ho amb l'oli i després remeneu-ho suaument amb qualsevol barreja sofregida i escalfeu-lo suaument per barrejar els sabors.

Fideus fregits

Serveis 4

225 g/8 oz de fideus prims d'ou

sal

oli per fregir

Cuini els fideus en aigua bullint amb sal segons les instruccions del paquet. Escorreu bé. Col·loqueu diverses capes de paper de cuina en una safata de forn, esteneu els fideus i deixeu-ho assecar durant diverses hores. Escalfeu l'oli i fregiu cullerades de fideus alhora durant uns 30 segons fins que estiguin daurades. Escórrer sobre paper de cuina.

Fideus fregits suaus

Serveis 4

350 g/12 oz de fideus d'ou
75 ml/5 cullerades d'oli de cacauet (cacauet).
sal

Porteu una cassola d'aigua a ebullició, afegiu-hi els fideus i deixeu-ho bullir fins que els fideus estiguin tendres. Escórrer i esbandir amb aigua freda, després aigua calenta i després escórrer de nou. Aboqueu-hi 15 ml/1 cullerada d'oli i deixeu-ho refredar i deixeu-ho refredar a la nevera. Escalfeu l'oli restant gairebé fins al punt de fum. Afegiu-hi els fideus i remeneu-los suaument fins que estiguin coberts d'oli. Reduïu el foc i continueu remenant uns minuts fins que els fideus estiguin daurats per fora però suaus per dins.

Fideus guisats

Serveis 4

450 g/1 lb de fideus d'ou
5 ml/1 culleradeta de sal
30 ml/2 cullerades d'oli de cacauet (cacauet).
3 cebes tendra (cebes), tallades a tires
1 gra d'all, triturat
2 rodanxes d'arrel de gingebre, picades
100 g/4 oz de carn magra de porc, tallada a tires
100 g/4 oz de pernil, tallat a tires
100 g/4 oz de gambes pelades
450 ml/¬œ pt/2 tasses de brou de pollastre
30 ml/2 cullerades de salsa de soja

Porteu una cassola amb aigua a ebullició, afegiu-hi la sal i tireu-hi els fideus. Tornar a bullir i bullir uns 5 minuts després escórrer i esbandir amb aigua freda.

Mentrestant, escalfeu l'oli i sofregiu la ceba tendra, l'all i el gingebre fins que es daurin lleugerament. Afegiu-hi la carn de porc i sofregiu fins que tingui una mica de color. Afegiu-hi el pernil i les gambes i remeneu-hi el brou, la salsa de soja i els fideus. Portar a ebullició, tapar i coure a foc lent durant 10 minuts.

Fideus freds

Serveis 4

450 g/1 lb de fideus d'ou
5 ml/1 culleradeta de sal
15 ml/1 cullerada d'oli de cacauet (cacauet).
225 g/8 oz de brots de soja
225 g/8 oz de carn de porc rostida, tallada
1 cogombre, tallat a tires
12 raves, tallats a tires

Porteu una cassola amb aigua a ebullició, afegiu-hi la sal i tireu-hi els fideus. Tornar a bullir i bullir durant uns 10 minuts fins que estigui tendre però encara ferm. Escorreu bé, esbandiu amb aigua freda i torneu a escórrer. Remeneu-ho amb l'oli i després disposeu en un plat de servir. Col·loqueu els altres ingredients en petits plats al voltant dels fideus. Els convidats serveixen una selecció d'ingredients en bols petits.

Cistelles de fideus

Serveis 4

225 g/8 oz de fideus prims d'ou

sal

oli per fregir

Cuini els fideus en aigua bullint amb sal segons les instruccions del paquet. Escorreu bé. Col·loqueu diverses capes de paper de cuina en una safata de forn, esteneu els fideus i deixeu-ho assecar durant diverses hores. Pinteu l'interior d'un colador de mida mitjana amb una mica d'oli. Esteneu una capa uniforme de fideus d'uns 1 cm/¬Ω de gruix al colador. Raspalleu l'exterior d'un colador més petit amb oli i premeu lleugerament sobre el més gran. Escalfeu l'oli, baixeu els dos coladors a l'oli i fregiu-ho durant aproximadament 1 minut fins que els fideus estiguin daurats. Traieu amb cura els coladors, passant un ganivet per les vores dels fideus si cal per afluixar-los.

Pancake de fideus

Serveis 4

225 g/8 oz de fideus d'ou
5 ml/1 culleradeta de sal
75 ml/5 cullerades d'oli de cacauet (cacauet).

Porta a ebullició una cassola d'aigua, afegim la sal i tirem els fideus. Tornar a bullir i bullir durant uns 10 minuts fins que estigui tendre però encara ferm. Escórrer bé, esbandir amb aigua freda, escórrer i després esbandir amb aigua calenta. Remeneu-ho amb 15 ml/1 cullerada d'oli. Escalfeu l'oli restant. Afegiu els fideus a la paella per fer una creps gruixudes. Fregiu fins que estigui lleugerament daurat per la part inferior i després gireu i fregiu fins que estigui lleugerament daurat però suau al centre.

Fideus Brasats

Serveis 4

4 bolets xinesos secs
450 g/1 lb de fideus d'ou
30 ml/2 cullerades d'oli de cacauet (cacauet).
5 ml/1 culleradeta de sal
3 cebes tendra (cebolletes), picades
100 g/4 oz de carn magra de porc, tallada a tires
100 g/4 oz de floretes de coliflor
15 ml/1 cullerada de farina de blat de moro (maizena)
250 ml/8 fl oz/1 tassa de brou de pollastre
15 ml/1 cullerada d'oli de sèsam

Remullar els bolets en aigua tèbia durant 30 minuts i després escórrer. Descartar les tiges i tallar els taps. Porta a ebullició una cassola amb aigua, afegim els fideus i deixem bullir durant 5 minuts i després escorrem. Escalfeu l'oli i sofregiu la sal i la ceba tendra durant 30 segons. Afegiu-hi la carn de porc i sofregiu fins que tingui una mica de color. Afegiu-hi la coliflor i els bolets i sofregiu-ho durant 3 minuts. Barregeu la farina de blat de moro i el brou, remeneu-ho a la cassola, porteu-ho a ebullició, tapeu i deixeu-ho coure a foc lent durant 10 minuts, remenant de tant en tant. Escalfeu l'oli de sèsam en una paella a part, afegiu-hi els fideus i remeneu-ho suaument a foc mitjà fins que es daurin lleugerament. Transferiu a un plat de servir escalfat, aboqueu-hi la barreja de carn de porc i serviu.

Fideus de vedella

Serveis 4

350 g/12 oz de fideus d'ou
45 ml/3 cullerades d'oli de cacauet (cacauet).
450 g/1 lb de vedella picada (molida).
sal i pebre recent mòlt
1 gra d'all, triturat
1 ceba, picada finament
250 ml/8 fl oz/1 tassa de brou de vedella
100 g/4 oz de bolets, tallats a rodanxes
2 tiges d'api, picades
1 pebrot verd, picat
30 ml/2 cullerades de farina de blat de moro (maizena)
60 ml/4 cullerades d'aigua
15 ml/1 cullerada de salsa de soja

Coure els fideus en aigua bullint durant uns 8 minuts fins que estiguin tendres i després escorreu-los. Mentrestant, escalfeu l'oli i sofregiu la vedella, la sal, el pebre, l'all i la ceba fins que estigui lleugerament daurada. Afegiu-hi el brou, els bolets, l'api i el pebre, porteu-ho a ebullició, tapeu i deixeu-ho coure a foc lent durant 5 minuts. Barregeu la farina de blat de moro, l'aigua i la salsa de soja fins a obtenir una pasta, remeneu-ho a la paella i deixeu-ho coure a foc lent, remenant, fins que la salsa espesseixi. Col·loqueu els fideus en un plat de servir escalfat i aboqueu-los sobre la vedella i la salsa.

Fideus amb pollastre

Serveis 4

350 g/12 oz de fideus d'ou
100 g/4 oz de brots de soja
45 ml/3 cullerades d'oli de cacauet (cacauet).
2,5 ml/¬Ω culleradeta de sal
2 grans d'all, picats
2 cebes tendra (cebolletes), picades
100 g/4 oz de pollastre cuit, tallat a daus
5 ml/1 culleradeta d'oli de sèsam

Porteu una cassola amb aigua a ebullició, afegiu-hi els fideus i deixeu-los bullir fins que estiguin tendres. Blanqueu els brots de soja en aigua bullint durant 3 minuts i després escorreu-los. Escalfeu l'oli i sofregiu la sal, l'all i la ceba tendra fins que estiguin toves. Afegiu el pollastre i sofregiu fins que s'escalfi. Afegiu-hi els brots de soja i escalfeu-ho. Escorreu bé els fideus, esbandiu-los amb aigua freda i després amb aigua calenta. Aboqueu-hi oli de sèsam i poseu-ho en un plat de servir escalfat. A sobre amb la barreja de pollastre i servir.

Fideus amb carn de cranc

Serveis 4

350 g/12 oz de fideus d'ou
45 ml/3 cullerades d'oli de cacauet (cacauet).
3 cebes tendra (cebolletes), picades
2 rodanxes d'arrel de gingebre, tallades a tires
350 g/12 oz de carn de cranc, en escates
5 ml/1 culleradeta de sal
15 ml/1 cullerada de vi d'arròs o xerès sec
15 ml/1 cullerada de farina de blat de moro (maizena)
30 ml/2 cullerades d'aigua
30 ml/2 cullerades de vinagre de vi

Porteu una cassola amb aigua a ebullició, afegiu-hi els fideus i deixeu-ho bullir durant 10 minuts fins que estiguin tendres. Mentrestant, escalfeu 30 ml/2 cullerades d'oli i sofregiu la ceba tendra i el gingcbrc fins que estiguin lleugerament daurades. Afegiu la carn de cranc i la sal, sofregiu-ho durant 2 minuts. Afegiu-hi el vi o el sofregit de xerès durant 1 minut. Barregeu la farina de blat de moro i l'aigua fins a obtenir una pasta, remeneu-la a la paella i deixeu-ho coure a foc lent, remenant, fins que espessi. Escorreu els fideus i esbandiu-los amb aigua freda i després amb aigua calenta. Aboqueu l'oli restant i poseu-ho en un plat de servir escalfat. Damunt amb la barreja de carn de cranc i serviu-ho escampat amb vinagre de vi.

Fideus en salsa de curry

Serveis 4

450 g/1 lb de fideus d'ou
5 ml/1 culleradeta de sal
30 ml/2 cullerades de curri en pols
1 ceba, tallada a rodanxes
75 ml/5 cullerades de brou de pollastre
100 g/4 oz de carn de porc rostida, tallada
120 ml/4 fl oz/¬Ω tassa de salsa de tomàquet (catsup)
15 ml/1 cullerada de salsa hoisin
sal i pebre recent mòlt

Porteu una cassola amb aigua a ebullició, afegiu-hi la sal i tireu-hi els fideus. Tornar a bullir i bullir durant uns 10 minuts fins que estigui tendre però encara ferm. Escórrer bé, esbandir amb aigua freda, escórrer i després esbandir amb aigua calenta. Mentrestant, coure el curri en pols en una paella seca durant 2 minuts, agitant la paella. Afegiu la ceba i remeneu fins que estigui ben cobert. Incorporeu-hi el brou, afegiu-hi la carn de porc i deixeu-ho bullir. Incorporeu-hi la salsa de tomàquet, la salsa hoisin, sal i pebre i deixeu-ho coure a foc lent, remenant, fins que s'escalfi.

Col·loqueu els fideus en un plat de servir escalfat, aboqueu-hi la salsa i serviu.

Fideus Dan-Dan

Serveis 4

100 g/4 oz de fideus d'ou
45 ml/3 cullerades de mostassa
60 ml/4 cullerades de salsa de sèsam
60 ml/4 cullerades d'oli de cacauet (cacauet).
20 ml/4 culleradetes de sal
4 cebes tendra (cebes vermelles), picades
60 ml/4 cullerades de salsa de soja
60 ml/4 cullerades de cacauets mòlts
60 ml/4 cullerades de brou de pollastre

Coure els fideus en aigua bullint durant uns 10 minuts fins que estiguin tendres i després escorreu-los bé. Barregeu els ingredients restants, aboqueu-los sobre els fideus i barregeu-los bé abans de servir.

Fideus amb salsa d'ou

Serveis 4

225 g/8 oz de fideus d'ou
750 ml/1¬° pts/3 tasses de brou de pollastre
45 ml/3 cullerades de salsa de soja
45 ml/3 cullerades de vi d'arròs o xerès sec
15 ml/1 cullerada d'oli de cacauet (cacauet).
3 cebes tendra (cebes), tallades a tires
3 ous, batuts

Porteu una cassola d'aigua a ebullició, afegiu-hi els fideus, torneu a bullir i deixeu-ho coure a foc lent durant 10 minuts fins que estiguin tendres. Escórrer i disposar en un bol de servir escalfat. Mentrestant, poseu a bullir el brou amb la salsa de soja i el vi o el xerès. En una paella a part, escalfeu l'oli i sofregiu les cebes tendra fins que estiguin toves. Afegiu els ous i remeneu-hi el brou calent i continueu remenant a foc mitjà fins que la barreja arribi a bullir. Aboqueu la salsa sobre els fideus i serviu.

Fideus de gingebre i ceba primavera

Serveis 4

900 ml/1¬Ω pts/4¬° tasses de brou de pollastre

15 ml/1 cullerada d'oli de cacauet (cacauet).

225 g/8 oz de fideus d'ou

2,5 ml/¬Ω culleradeta d'oli de sèsam

4 cebes tendra (cebolletes), triturades

2 rodanxes d'arrel de gingebre, triturades

15 ml/1 cullerada de salsa d'ostres

Porteu el fumet a ebullició, afegiu-hi l'oli i els fideus i deixeu-ho coure a foc lent, sense tapar, uns 15 minuts fins que estiguin tendres. Transferiu els fideus a un plat de servir escalfat i afegiu-hi l'oli de sèsam, la ceba tendra i el gingebre al wok. Cuini a foc lent, sense tapar, durant 5 minuts fins que les verdures s'estovin una mica i el brou reduït. Aboqueu les verdures sobre els fideus amb una mica de brou. Espolvorear amb salsa d'ostres i servir alhora.

Fideus calents i agres

Serveis 4

225 g/8 oz de fideus d'ou
15 ml/1 cullerada de salsa de soja
15 ml/1 cullerada d'oli de bitxo
15 ml/1 cullerada de vinagre de vi negre
1 gra d'all, triturat
2 cebes tendres (cebes), picades
5 ml/1 culleradeta de pebre recent mòlt

Coure els fideus en aigua bullint uns 10 minuts fins que estiguin tendres. Escorreu-ho bé i transferiu-ho a un plat de servir escalfat. Barregeu els ingredients restants, aboqueu-los sobre els fideus i barregeu-los bé abans de servir.

Fideus en salsa de carn

Serveis 4

4 bolets xinesos secs
30 ml/2 cullerades d'oli de cacauet (cacauet).
225 g/8 oz de carn de porc magra, tallada a rodanxes
100 g/4 oz de bolets, tallats a rodanxes
4 cebes tendra (cebolletes), tallades a rodanxes
15 ml/1 cullerada de salsa de soja
15 ml/1 cullerada de vi d'arròs o xerès sec
600 ml/1 pt/2¬Ω tasses de brou de pollastre
350 g/12 oz de fideus d'ou
30 ml/2 cullerades de farina de blat de moro (maizena)
2 ous, lleugerament batuts
sal i pebre recent mòlt

Remullar els bolets en aigua tèbia durant 30 minuts i després escórrer. Descartar les tiges i tallar els taps. Escalfeu l'oli i fregiu la carn de porc fins que estigui lleugerament de color. Afegiu-hi els bolets secs i frescos i la ceba tendra i sofregiu-ho durant 2 minuts. Afegiu-hi la salsa de soja, el vi o el xerès i el brou, porteu-ho a ebullició, tapeu i deixeu-ho coure a foc lent durant 30 minuts.

Mentrestant, poseu a bullir una cassola amb aigua, afegiu-hi els fideus i deixeu-ho bullir uns 10 minuts fins que els fideus estiguin tendres però encara ferms. Escórrer, esbandir amb aigua freda i calenta i després escórrer de nou i posar-ho en un plat de servir escalfat. Barregeu la farina de blat de moro amb una mica d'aigua, remeneu-la a la cassola i deixeu-ho coure a foc lent, remenant, fins que la salsa es clarifiqui i espesseixi. Remeneu els ous a poc a poc i rectifiqueu de sal i pebre. Aboqueu la salsa sobre els fideus per servir.

Fideus amb ous escalfats

Serveis 4

350 g/12 oz de fideus d'arròs

4 ous

30 ml/2 cullerades d'oli de cacauet (cacauet).

1 gra d'all, picat

100 g/4 oz de pernil cuit, picat finament

45 ml/3 cullerades de puré de tomàquet (pasta)

120 ml/4 fl oz/¬Ω tassa d'aigua

5 ml/1 culleradeta de sucre

5 ml/1 culleradeta de sal

salsa de soja

Porteu una cassola d'aigua a ebullició, afegiu-hi els fideus i deixeu-ho coure a foc lent uns 8 minuts fins que estiguin cuits. Escórrer i esbandir amb aigua freda. Col·loqueu-los en forma de niu en un plat de servir escalfat. Mentrestant, escalfa els ous i poseu-ne un a cada niu. Escalfeu l'oli i sofregiu els alls durant 30 segons. Afegir el pernil i sofregir durant 1 minut. Afegiu tots els ingredients restants excepte la salsa de soja i sofregiu fins que s'escalfi. Aboqueu-hi els ous, ruixeu-los amb salsa de soja i serviu-ho de cop.

Fideus amb Carn de Porc i Verdures

Serveis 4

350 g/12 oz de fideus d'arròs
75 ml/5 cullerades d'oli de cacauet (cacauet).
225 g/8 oz de carn de porc magra, tallada
100 g/4 oz de brots de bambú, triturats
100 g/4 oz de col xinesa, triturada
450 ml/¬œ pt/2 tasses de brou de pollastre
10 ml/2 culleradetes de farina de blat de moro (maizena)
45 ml/3 cullerades d'aigua

Bulliu els fideus durant uns 6 minuts fins que estiguin cuits però encara ferms i després escorreu-los. Escalfeu 45 ml/3 cullerades d'oli i sofregiu la carn de porc durant 2 minuts. Afegiu-hi els brots de bambú i la col i sofregiu-ho durant 1 minut. Afegiu el fumet, porteu-ho a ebullició, tapeu i deixeu-ho coure a foc lent durant 4 minuts. Barregeu la farina de blat de moro i l'aigua, remeneu-ho a la cassola i deixeu-ho coure a foc lent, remenant, fins que la salsa espesseixi. Escalfeu l'oli restant i fregiu els fideus fins que estiguin lleugerament daurats. Transferiu a un plat de servir escalfat, poseu-hi la barreja de porc i serviu-lo.

Fideus transparents amb carn de porc picada

Serveis 4

200 g/7 oz de fideus transparents
oli per fregir
75 ml/5 cullerades d'oli de cacauet (cacauet).
225 g/8 oz de carn de porc picada (molida).
25 g/1 oz de pasta de bitxo
2 cebes tendra (cebolletes), picades
1 gra d'all, picat
1 rodanxa d'arrel de gingebre, picada
5 ml/1 culleradeta de bitxo en pols
250 ml/8 fl oz/1 tassa de brou de pollastre
30 ml/2 cullerades de vi d'arròs o xerès sec
30 ml/2 cullerades de salsa de soja
sal

Escalfeu l'oli fins que bulli i fregiu els fideus fins que s'expandeixin. Retirar i escórrer. Escalfeu els 75 ml/5 cullerades d'oli i sofregiu la carn de porc fins que estigui daurada. Incorporeu-hi la pasta de mongetes, les cebes tendra, l'all, el gingebre i el bitxo en pols i fregiu-los durant 2 minuts. Barregeu el fumet, el vi o el xerès, la salsa de soja i els fideus i deixeu-ho coure a foc lent fins que la salsa espesseixi. Salpebreu al gust abans de servir.

Pells de rotllo d'ou

Fa 12

225 g/8 oz/2 tasses de farina normal (tot ús).
1 ou, batut
2,5 ml/¬Ω culleradeta de sal
120 ml/4 fl oz/¬Ω tassa d'aigua gelada

Barregeu tots els ingredients junts i després amasseu fins que quedi suau i elàstic. Cobrir amb un drap humit i refredar durant 30 minuts. Estireu sobre una superfície enfarinada fins que el paper estigui prim i després talleu-los a quadrats.

Pells de rotllets d'ou cuit

Fa 12

175 g/6 oz/1¬Ω tasses de farina normal (tot ús).
2,5 ml/¬Ω culleradeta de sal
2 ous, batuts
375 ml/13 fl oz/1¬Ω tasses d'aigua

Barregeu la farina i la sal i afegiu-hi els ous. Afegiu-hi l'aigua a poc a poc fins que quedi una massa homogènia. Unteu lleugerament una paella petita i aboqueu-hi 30 ml/2 cullerades de massa i inclineu la paella per repartir-la uniformement per la superfície. Quan la massa s'encongeix dels costats de la paella, traieu-la i cobriu-la amb un drap humit mentre coeu la resta de pells.

Pancakes xinesos

Serveis 4

250 ml/8 fl oz/1 tassa d'aigua
225 g/8 oz/2 tasses de farina normal (tot ús).
oli de cacauet (cacauet) per fregir

Bullir l'aigua i després afegir la farina a poc a poc. Amassar lleugerament fins que la massa estigui tova, tapar amb un drap humit i deixar reposar 15 minuts. Estirar sobre una superfície enfarinada i donar forma a un cilindre llarg. Talleu-los a rodanxes de 2,5 cm/ 1 polzada i després aplaneu-los fins a uns 5 mm/¬° de gruix i unteu la part superior amb oli. Apilar per parelles amb les superfícies unides amb oli tocant i empolvorar lleugerament l'exterior amb farina. Estireu les parelles a uns 10 cm/4 polzades de diàmetre i deixeu-les coure per parelles durant aproximadament 1 minut per cada costat fins que estiguin lleugerament daurades. Separar i apilar fins que estigui llest per servir.

Wonton Skins

Fa uns 40

450 g/1 lb/2 tasses de farina normal (tot ús).
5 ml/1 culleradeta de sal
1 ou, batut
45 ml/3 cullerades d'aigua

Tamisar la farina i la sal i després fer un pou al centre. Barregeu l'ou, ruixeu-ho amb aigua i pasteu la barreja fins a obtenir una massa llisa. Posar en un bol, tapar amb un drap humit i refredar durant 1 hora.

Estireu la massa sobre una superfície enfarinada fins que quedi una hòstia fina i uniforme. Talleu-les a tires de 7,5 cm, empolseu lleugerament amb farina i apileu-les i després talleu-les a quadrats. Cobrir amb un drap humit fins que estigui llest per utilitzar.

Espàrrecs amb cloïsses

Serveis 4

120 ml/4 fl oz/½ tassa d'oli de cacauet (cacauet).
1 pebrot vermell, tallat a tires
2 cebes tendra (cebolletes), tallades a tires
2 rodanxes d'arrel de gingebre, triturades
225 g/8 oz d'espàrrecs, tallats a trossos
30 ml/2 cullerades de salsa de soja espessa
2,5 ml/½ culleradeta d'oli de sèsam
225 g/8 oz de cloïsses, remullats i fregats

Escalfeu l'oli i sofregiu el bitxo, la ceba tendra i el gingebre durant 30 segons. Afegiu-hi els espàrrecs i la salsa de soja, tapeu i deixeu-ho coure a foc lent fins que els espàrrecs estiguin gairebé tendres. Afegiu l'oli de sèsam i les cloïsses, tapeu i deixeu-ho coure fins que s'obrin les cloïsses. Descarteu les cloïsses que no s'hagin obert i serviu-les alhora.

Espàrrecs amb salsa d'ou

Serveis 4

450 g/1 lb d'espàrrecs

45 ml/3 cullerades d'oli de cacauet (cacauet).

30 ml/2 cullerades de vi d'arròs o xerès sec

sal

250 ml/8 fl oz/1 tassa de brou de pollastre

15 ml/1 cullerada de farina de blat de moro (maizena)

1 ou, lleugerament batut

Talleu els espàrrecs i talleu-los a trossos de 5 cm/2. Escalfeu l'oli i sofregiu els espàrrecs durant uns 4 minuts fins que estiguin tendres però encara cruixents. Espolvorear amb vi o xerès i sal. Mentrestant, poseu a ebullició el brou i la farina de blat de moro, remenant i rectifiqueu de sal. Barregeu una mica del brou calent a l'ou, després barregeu l'ou a la paella i deixeu-ho coure a foc lent, remenant, fins que la salsa espesseixi. Col·loqueu els espàrrecs en un plat de servir escalfat, aboqueu-hi la salsa i serviu-ho alhora.

www.ingramcontent.com/pod-product-compliance
Lightning Source LLC
Chambersburg PA
CBHW070404120526
44590CB00014B/1256